创业自我效能对创业决策行为的影响

高 杰 著

企业管理出版社
ENTERPRISE MANAGEMENT PUBLISHING HOUSE

图书在版编目（CIP）数据

创业自我效能对创业决策行为的影响/高杰著. —北京：企业管理出版社，2024.1
ISBN 978-7-5164-2910-5

Ⅰ.① 创… Ⅱ.① 高… Ⅲ.① 企业管理—经营决策—决策行为—研究 Ⅳ.① F272.3

中国国家版本馆 CIP 数据核字（2023）第 182827 号

书　　名：	创业自我效能对创业决策行为的影响
书　　号：	ISBN 978-7-5164-2910-5
作　　者：	高　杰
责任编辑：	李雪松
出版发行：	企业管理出版社
经　　销：	新华书店
地　　址：	北京市海淀区紫竹院南路 17 号　　邮　编：100048
网　　址：	http://www.emph.cn　　电子信箱：emph001＠163.com
电　　话：	编辑部（010）68701638　　发行部（010）68414644
印　　刷：	北京厚诚则铭印刷科技有限公司
版　　次：	2024 年 1 月第 1 版
印　　次：	2024 年 1 月第 1 次印刷
开　　本：	710mm×1000mm　1/16
印　　张：	15
字　　数：	192 千字
定　　价：	68.00 元

版权所有　翻印必究　·　印装有误　负责调换

Preface 前言

  创业创新可以促进产业结构的优化和升级,推动社会经济的发展和转型。创业活动是创业者在充满风险和不确定性的环境中识别和把握机会、获取利润并谋求成长的过程,其重要性、独特性和复杂性要求学术界积极开展创业研究工作;长期重视大企业管理实践的管理研究也开始关注企业生命周期前端的创业活动。在创业决策过程中,创业欲望的形成是在创业决策的前期阶段,且创业欲望是决定潜在的创业者是否进行创业活动的关键。人们一直对"创业者为什么去创业"这个问题感到好奇。要了解创业的核心,必须深入地去探讨创业者的思考本质,从认知心理学的角度打开创业者认知模式的"黑盒子",从而探索如何才能有效发掘创业机会。因此,基于中国文化背景的认知心理,进一步探讨创业者创业认知模式的形成、发展规律及对企业成长的影响,从创业环境、创业者认知及其决策行为的互动关系中研究创业者这个特殊群体的认知发展与行为表现,对理解创业者创业动机(Entrepreneurial Motivation)和创业行为(Entrepreneurial Behavior)过程具有重要意义。

  本书基于文献回顾,以自我效能理论、角色认同理论和决策行为理论为基础,构建了创业自我效能-创业角色认同-创业决策行为的理论模型。

第一，结合认知心理学与自我效能理论的研究，识别了创业自我效能如何影响创业角色认同，进而影响创业决策行为的过程。通过对创业者在创业过程中所扮演的不同角色的分析，将其形成的角色认同划分为三种类型——开发者角色（Inventor Role）认同、改革者角色（Developer Role）认同和投资者角色（Founder Role）认同，并以创业角色认同作为中介变量，探索角色驱动要素（创业自我效能）对创业决策行为的影响过程。

第二，基于社会网络理论，探索了创业者社会网络影响角色驱动要素对角色认同的作用效率，以及创业价值感知影响角色认同对角色感知行为的作用路径。通过对220位创业者的实证研究，运用回归分析和结构方程模型对数据进行验证，研究结果如下。

（1）创业自我效能水平越高越会促进创业者的开发者角色认同和投资者角色认同水平；而创业自我效能对于形成改革者角色认同没有显著的影响。

（2）创业角色认同对于创业决策行为具有重要的影响作用。开发者角色认同在创业自我效能对创业决策行为的作用关系中发挥完全中介作用，投资者角色认同在创业自我效能对创业决策行为的作用关系中发挥部分中介作用，说明开发者角色认同和投资者角色认同作为中介机制对创业自我效能和创业决策行为具有重要意义。

（3）创业价值感知正向调节开发者角色认同对创业决策行为的影响作用，即创业价值感知水平越高，开发者角色认同对创业决策行为的影响作用越强；创业价值感知也对投资者角色认同与创业决策行为之间的关系产生调节作用；而创业价值感知对改革者角色认同与创业决策行为之间的关系不具有调节作用，即改革者角色认同与创业决策行为之间的关系不会因为创业价值感知水平的不同而发生改变。

（4）创业者社会网络对创业自我效能与开发者角色认同之间的关系具有调节作用，即创业自我效能对开发者角色认同的影响会因为创业者社会网络水平的高低而发生变化。研究证明，创业者社会网络对创业自我效能与投资者角色认同之间的关系不具有调节作用；同样，创业者社会网络在创业自我效能对改革者角色认同的影响过程中也未发挥显著调节作用。

本书的研究结论对于拓展和深化自我效能、角色认同和创业管理理论的研究具有重要意义。这些理论贡献也体现了本书的创新点，主要包括以下三个方面。

第一，本书从创业认知的视角，将创业者创业动机与创业决策行为相结合，将创业自我效能界定为一种角色认同的驱动要素，识别了创业自我效能的内涵和构成，以及对不同角色认同类型的影响，拓展了认知理论中自我效能研究的理论框架并提供了实证支持。本书通过对创业者心理认知过程的任务分析，借鉴已有的认知理论和创业理论的研究成果，避免了以往单纯从个体心理特质角度对创业动机展开研究的局限，而是将个体认知机制与自我认同相结合，建立以自我效能为起因、角色认同为中介、创业决策行为为结果的创业选择模型，探索不同的创业自我效能对创业决策行为的影响，并通过实证检验，对研究结论提供了支持，延伸了创业决策行为的驱动要素研究框架，并为今后的研究拓展奠定了基础。

第二，从角色认同的视角，研究以机会为基础的创业决策行为的影响因素，个体自我的角色认同决定了其释意结果，个体行为的主要动机就是去挖掘和建立自己独特的身份，由此通过理论推演和实证分析，检验了角色认同在创业自我效能对创业决策行为的影响中发挥的中介作用，为感知—角色—行为的理论分析框架提供了进一步的实证支持。本书从不同创业角色认同类型之间的本质差别出发，将开发者角色认同、投资者角色认同和改革者角色认同进行区分和定义，进一步充实了创业管理理论的感知—角色—行为模型,克服了以往研究中创业者心理特质作为研究落脚点的片面性和风险感知、资源获取、先验经验等外部要素作为中介过程的模糊性。从实证结果可以看出,角色认同的视角解释了创业自我效能通过不同角色认同对创业决策行为产生影响的差异化路径,为创业者自我认知层面的心理要素影响创业行为提供了更充实的理论解释。

第三,本书探索了自我效能与创业角色认同及不同创业角色认同与创业行为之间的情境效应。理论贡献之一是将创业者社会网络引入从创业自我效能到不同类型创业角色认同转化的过程中,打开了创业者社会网络研究的一个新思路。理论贡献之二是将创业价值感知引入创业角色认同转化成创业决策行为的过程中,这是对认知理论中价值感知的一个新颖的运用,为考察创业者把对角色认同的承诺落实到创业决策行为过程中所受到的环境影响作用做出理论和实证方面的贡献。社会整体对于创业活动的支持态度、机会与资源的供给程度,都会对人们的创业决策与创业表现,以及新事业未来的发展轨迹产生影响。从社会生态学的角度看,若社会中拥有越多的新创企业与创业者,那么创业热情也会越发高涨;从资源基础观的角度看,创业需要依赖从外部环境获取大量资源,因此资源获取渠道的通畅程度和丰富程度将对创业行为产生影响;同样,社会就业机会的丰富程度、产业环境的变迁,对于创业决策也会有一定影响。本书进一步揭示了认知理论强调"自我概念"的能动性的一面,即在创业者认知发挥作用的过程中,同样需要能动地依据环境和价值感知调整自我认同。

本书的研究结论也对管理实践具有重要的参考价值。

第一,提升创业者创业自我效能,有利于创业机会的开发与利用。一方面创业者应根据自身的能力基础与资源获取情况,客观评价自身的创业机会与挑战,并对自身拥有的社会网络所提供的资金支持与信息反馈进行认真识别,将其与创业要求进行比对,从而做出科学理性的创业决策;另一方面要根据预期的创业目标，开发和利用创业机会，培育自身资源获取、创新进取的创业能力。在面对合适的创业机会时，创业者会根据对创业未来前景的预测来提高自己的创业自我效能，只有当创业自我效能达到一定水平时，才会形成创业角色认同，进而促进创业决策行为。

第二，根据创业自我效能水平，建立与之匹配的不同创业角色类型。本书所提出的三种创业角色认同——开发者角色认同、投资者角色认同和改革者角色认同基本涵盖了广义的创业者角色认同类型。在角色认同形成的过程中，如何理性客观地识别自身的角色认同类型，有助于形成相应的创业决策行为，当这种一致性存在时，来自环境的角色支持提供了证明自我的依据，并且增强了相关的认同感，从而提高相关角色行为的可能性。

第三，优化创业环境，培养创业人才。本书始终围绕态度因素发挥的重要作用进行分析，如创业价值感知在创业角色认同与创业决策行为间发挥的调节作用，创业者社会网络发挥的调节作用，研究结论有利于社会各界开展创业引导和宣传，为教育培养效果进行评估和考核提供了方法参考及实践指导，同时也为组织内部创业人力资源的开发和利用提供了帮助。

Contents | 目　录

第1章　引　言 1
1.1　研究背景 3
1.2　研究问题 11
1.3　研究结构 12
1.4　研究设计 13

第2章　文献综述 17
2.1　关于创业者创业动机的相关研究 18
2.2　角色认同及其相关理论研究 40
2.3　创业行为理论研究回顾 57
2.4　研究不足 73
2.5　本章小结 77

第3章　概念模型与假设 81
3.1　创业角色认同与创业决策行为 82

3.2 创业动机、创业角色认同与创业决策行为 ………………… 88
3.3 外部环境的调节作用 ……………………………………… 98
3.4 本章小结 …………………………………………………… 105

第 4 章 研究方法 …………………………………………… **107**

4.1 样本与数据收集 …………………………………………… 108
4.2 有效样本结构 ……………………………………………… 113
4.3 信度与效度检验 …………………………………………… 115
4.4 控制变量 …………………………………………………… 125

第 5 章 数据分析与结果 …………………………………… **127**

5.1 相关性分析 ………………………………………………… 128
5.2 主效应与中介效应 ………………………………………… 129
5.3 创业价值感知和创业者社会网络的调节效应 …………… 135
5.4 本章小结 …………………………………………………… 144

第 6 章 讨　　论 …………………………………………… **147**

6.1 创业自我效能与创业者角色认同 ………………………… 148
6.2 创业者角色认同与创业决策行为 ………………………… 152
6.3 创业价值感知和创业者社会网络的影响 ………………… 155
6.4 五个案例的比较研究 ……………………………………… 157

第7章 结　　论 ··· **181**

7.1 基本结论 ··· 182
7.2 理论贡献 ··· 184
7.3 实践启示和政策建议 ································ 188
7.4 研究局限性与进一步研究方向 ···················· 192

参考文献 ·· **195**
附　　录 ·· **222**

第 1 章 引　言

近年来，旺盛的创业活动引发实业界及学术界的广泛关注。全球化市场竞争日趋激烈，产品生命周期缩短，企业存活的关键在于快速响应市场与持续创新。许多大型企业无法像以前那样持续地占有市场；具有高度灵活性的新创企业，借由市场变化与新需求而快速崛起（Dollingers，2003）。此外，学校对于创业教育日益重视，社会对于创业活动普遍肯定，这些因素共同促使具有创业精神的员工不再满足于仅仅作为受雇者，进而促使各种类型创业者（Entrepreneur）大量崛起。相对于实务上的蓬勃发展，创业在管理学术研究方面仍是一个十分年轻的领域（Cooper，2003）。创业研究主要是针对机会与个体之间的相互关系而展开的（Shane & Venkataraman，2000）。而动机在新组织的创建过程中发挥着非常重要的作用，所以未涉及这一概念的组织创建理论是不完整的（Herron & Sapienza，1992）。虽然学术界投入了大量的精力对创业机会的本质进行了研究，但我们必须明确，创业者个体更是创业过程中至关重要的催化剂（Shane，Locke & Collins，2003）。新企业的创建，需要这样一类特殊的人——在他们的头脑中所有的可能性都被汇集起来，他们相信创新是可行的，并且，他们具有坚持到底直到目标实现的动力（Shaver & Scott，1991）。要了解创业的核心，必须更深入地去探讨创业者的思考本质，因此许多研究者从认知心理学的角度切入，试图揭开创业者认知模式的"黑盒子"，借此探索如何才能有效发掘创业机会（Krueger，2003）。基于中国文化背景的认知心理，进一步探讨创业认知模式的形成、发展规律以及对企业成长的影响，从创业环境、创业者认知及其决策行为的互动关系中来考虑这个特殊群体的认知发展与行为表现，对理解创业者创业动机

（Entrepreneurial Motivation）和创业行为（Entrepreneurial Behavior）过程具有重要意义。

1.1 研究背景

1.1.1 实践背景

1.1.1.1 创业活动掀起新一轮浪潮，创业者队伍在不断壮大

面对全球产业结构的重构与转型，在知识经济时代，创业精神正是驱动此次结构重组的重要动力，创业活动更是已经成为一种全球趋势（Shane & Venkatraman，2000）。20世纪80年代以来，社会转型和新技术的快速发展与普及应用引发了新一轮创业热潮，蓬勃发展的创业活动成为社会进步和经济发展的重要推动力量，包括Drucker在内的很多著名学者都呼吁应该重视和发展创业型经济，创新创业得到了各国政府的高度重视。美国一直把创新与创业精神作为重要战略优势，欧盟于2003年指出，当时的政策挑战是识别和塑造繁荣的创业活动氛围，因此政策措施应根植于提高欧盟的创业活动水平，采取最有效措施来鼓励创业活动并促进中小企业成长。日本也把重视创新和创业作为推动经济转型和提升国家竞争优势的重要手段。我国改革开放以来，创业活动不仅成为推动我国经济发展的内生动力，还极大地激发了民间活力，促进了就业，并必将为推动自主创新、高科技产业、现代服务业等高端产业的发展发挥重要作用。

在知识经济蓬勃发展的今天，创业活动在经济增长与人类社会进步的过程中扮演着相当重要的角色。多年前，全球曾平均每年诞生60000家新的公司。创业者和其企业创造了数百万个工作岗位，包括吸纳了从世

界500强企业中削减下来的劳动力（张玉利，2003）。知名创业者如菲尔兹太太曲奇公司的黛比·菲尔兹、联邦快递的弗瑞德·史密斯、苹果公司的史蒂文·乔布斯及微软公司的比尔·盖茨，他们总结了深刻教训后意识到，风险企业的创业精神同样适用于一般企业。21世纪的战略重点将是如何进行创新。对整体经济而言，创业活动的快速发展能加速企业的新陈代谢；对创业者而言，创业活动不仅可以发挥个人潜能，还能实现自我理想。我国2007—2008年的创业者研究报告显示，新创企业有约五成未超过一年，未超过五年者则有近三成，可见创业仍具有一定的风险。创业成功率如此之低使得对于创业行为的研究成为值得学者深入探讨的议题。在大众媒体上，很多成功的创业者已经向我们展示了激情的力量：Body Shop的创始人Anita Roddick声称"想要获得成功，你必须抱有激情去相信某些事情一定能成为现实"。Michael Dell也提出"激情应该是点燃我们日常工作的一团火焰"。中青在线的石老师则从静态的创业三要素，即创业者、创业项目、创业资源的视角分析了创业失败的原因，认为在众多导致创业失败的原因中，创业者的精神资本不足是关键因素。创业活动是创业者在风险和不确定性环境中识别和把握机会、获取利润并谋求成长的过程，其重要性、独特性和复杂性要求学术界积极开展创业研究工作，长期重视大企业管理实践的管理研究也开始关注企业生命周期前端的创业活动。

1.1.1.2 经济全球化和信息化背景下，创业活动的动态性和复杂性

"创业"的核心观念在于"机会"的辨识、认知与掌握，以及承担"风险"的意愿与能力（Ardichvili, Cardozo & Ray, 2003；Alvarez & Barney, 2004）。在全球化分工的大潮中，企业进行国际化拓展同样需要具备创业精神，创业者能够有效洞察并把握国际市场中的机会，同时勇于承担将这些机会转化为商业利润的风险。由于国际市场机会的高度变动性与异质

性，不确定性风险也随之增加。在这一过程中，创业活动的动态性和复杂性尤为显著，因此，创业者能否有效洞察并把握机会，将风险转化为企业盈利的契机，从而成功进行国际化拓展，成了一项重大挑战。创业情境和活动的独特性是创业研究产生学术贡献的来源（Christian Bruyat & Pierre-Andre Julien，2003）。与已成熟的企业相比较，创业情境中的信息不对称与不确定性特征更为显著。一方面，创业者相对于外部利益相关者，更为了解创业前景、团队能力等真实状况，为了保护机会的潜在价值，创业者也会有意向外界隐瞒一些关键信息。另一方面，创业活动本身是变"不可能"为"可能"的尝试，对于提供什么产品或服务、如何提供产品或服务、市场或竞争对手反应等关键问题，创业者难以在事前进行预测，甚至这些问题在大多数情况下是不可预测的。在高度的信息不对称与不确定性情境下，创业者与环境之间的互动博弈可能会催生出一些现有理论难以解释和预测的现象。此外，创业活动也显著区别于已成熟企业内部的一般经营活动：创业活动是在面临市场进入障碍和高度资源约束下进行的组织生成与成长过程；而一般经营活动则通常是在成熟环境下、基于资源冗余进行的组织惯性更新、维持和强化。

到20世纪末，创业行为的独特性和复杂性已经引起了理论界和实务界的共同关注。研究发现，创业者在意图形成、机会发现、机会开发等创业过程中体现出独特的行为特征，这些行为特征有助于我们深入理解创业过程的内在机理。在创业决策过程方面，创业意图的形成是创业过程的起始阶段，也是决定潜在创业者是否采取行动的关键。长久以来，"创业者为什么去创业"一直是人们好奇的问题。过去，人们将创业者的创业动因归结为风险承担倾向，但后续研究并没有发现创业者、管理者与一般人群在风险承担倾向上存在显著差异。相反，创业者虽然勇于承担风险，但他们绝非盲目冒险者，反而在很多情况下擅长采取措施来规避风险。自20

世纪 90 年代起,学者们开始从认知角度重新探索创业决策过程的规律。在众多研究中,"直观推断"的研究成为揭示创业意图形成的重要理论基础。创业者的直观推断和偏见(heuristics and biases)在复杂环境中起到了简化决策机制的作用,如果没有它们的存在,很多创业活动可能都不会发生。

1.1.1.3 在经济转型形势下,积极引导创业者树立科学的创业观、正确把握创业方向

自 20 世纪 70 年代起,创业活动催生了新业务,进而创造了一大批新兴职位,帮助很多大企业解决其面对的由经营管理不善、经济环境恶劣等带来的问题,摆脱大幅度裁员的困境(Kirchhoff, 1997)。除此之外,创业型企业有效地带动了国民经济的发展,各国竞相推出相应政策,将国家战略聚焦在创新与创业水平上(占怡,2008)。因此,创新与创业活动作为连接科学技术与现实生产力的桥梁,正逐渐成为全球经济发展的重要力量,并成为衡量各国综合竞争力的关键指标之一。对许多工业国家而言,在经济成长变动因素中,新创企业的成立占了其变量的四分之一到三分之一(Carter, Gartner, Shaver & Gatewood, 2003; Reynolds, Hay, Bygrave, Camp & Autio, 2000; Davidsson, Lindmark, Olofsson, 1994; Reynolds, 1994; Reynolds & Maki, 1990)。对整体经济而言,创业是推动经济体新陈代谢的重要途径,能够维持经济社会的活力与效率,并催生新的做事方式、思考方式、产品及价值等;对个人而言,创业是自我实现、发挥个人能力的舞台,随着人们对创业的了解,创业渐渐地不仅是一个目标,许多人甚至把它视为一种需求(刘文龙,2001)。创业对于一国的经济增长有莫大的影响力,当国家的创业能力越强,其经济发展能力则越强;而创业精神不仅能激发社会经济活动的活力,还能帮助国家在经济不景气时保持稳定发展。

第1章 引　言

全球经济环境的快速变迁、市场的高度自由化，加剧了国际竞争，推动了区域经济整合，再加上信息技术的进步与广泛运用，使得造就中国过去经济奇迹的传统产业失去原有的竞争优势，传统产业面临着淘汰或转型，从而引发一场经济变革，有人将此称为新经济时代的来临。新经济时代的发展将奠基于知识经济之上，而知识与创新将成为这一时代竞争优势的主导力量（欧建益，2001）。这些因素——投资工具的发达、信息技术的进步、知识水平的提升及价值观的改变等，使得创业变得更加普遍，然而创业成功者却非常少。相关研究结果显示，从有创业构想到最后能够顺利上市经营的成功概率仅有百万分之六（Nesheim，1997）。已经创业的人在创新，还没有创业的人正越来越多地投身到创业大潮中。对于有心的创业者，在创业时应先了解自己是否真的已经准备好了，以及创业的动机与心态是否正确，这样才能在创业成功概率低的竞争环境下存活下来，并创造出属于自己的一片天空。尤其是在信息发达的时代，人们纷纷通过网络平台创业，如何在竞争激烈的环境中创造出竞争优势，更是创业者在创业前必须审慎评估并思考的问题。对于创业者而言，要了解市场变化的趋势，借由与竞争者之间的互动，寻求新市场与新机会，以增加掌握创业先机的可能性。在快速变化的环境中，创业者若想提升对创业机会的掌握度，以应对环境的变迁与挑战，必须与顾客建立良好的互动关系，掌握与创业机会相关的知识与经验。基于强烈的创业动机，创业者充分展现其自主性、创新性、风险承担性、预应性及竞争积极性，通过对创业导向的整合，创造独特的附加价值，形成难以模仿的竞争优势，才不会被产业的强势竞争轻易淘汰。

创业方向模糊制约了具有创新精神的人创业的步伐，在被访的创业者中有40.6%的人表示创业方向不明，想干却不知从何下手。已创业的科技人员，缺乏政府创业方向引导，对市场把握不准，热衷于追逐市场，盲目追逐热门领域进行投资，风险性非常大。面对欲创业人员创业热情与创业方向模糊之间的突出矛盾，如何适应市场发展的需要，把具有创新意义的创业行为引导好、发挥好，这是政府面对的现实问题。

1.1.2 理论背景

1.1.2.1 创业研究经历了从特质观到认知观的拓展

在学术界，创业研究已形成一股强劲浪潮并已进入管理学领域的主流研究范畴。截至 2002 年，创业专业学术刊物已达 44 种，自 1987 年以来平均每年增加一倍（Katz，2003）。除《创业理论与实践》(*Entrepreneurship Theory and Practice*)、《商业风险期刊》(*Journal of Business Venturing*) 等专业学术期刊外，《管理杂志》(*Journal of Management*)（2003 年第 3 期）、《管理科学》(*Management Science*)（2006 年第 2 期）、ASQ、SMJ、AMJ 等主流学术期刊相继刊出了关于创业研究的专辑。创业研究的内容也从创业特质论逐步转向关注创业行为与过程。从 20 世纪 80 年代开始，西方学者将社会认知理论和认知心理学引入创业研究中，Shane，Baron 和 Kruege 等有影响力的创业学者对此也给予了充分的重视和肯定。创业研究领域主流期刊《创业理论与实践》(*Entrepreneurship Theory and Practice*) 和《商业风险期刊》(*Journal of Business Venturing*) 分别在 2002 年、2004 年、2007 年以创业认知研究为主题进行了专门讨论（丁明磊，2008）。包括 Mitchell、Busenitz、Bird 等在内的七位著名学者在 2007 年发表的《2007 创业认知研究的中心问题》一文中，共同呼吁应该加强相关的研究，从而进一步促进创业研究领域中"Thinking-Doing"的连接（Mitchell，Busenitz & Bird，2007）。

在创业研究领域，早期的特质研究试图总结出成功创业者的共同特质和动机要素（Brockhaus，1980），通过对创业者态度、人格与人口统计学特征来研究创业者与非创业者特质的差别，在诠释创业过程和创业行为时仅能获得有限的结论。从1961年到1990年，关于创业者特质的研究力度日趋减弱（Aldrich & Wiedenmayer，1993）。到20世纪末，一批具有心理学研究背景的学者通过构建更加科学的模型，发展出新的研究工具，开发和引入更具有创新性和针对性的概念，拓展到创业者动机、能力、认知与行为研究领域，将传统的创业者特质研究推向了一个新的领域（Baum & Locke，2004）。创业者个人特质并不能充分解释创业行为和创业过程，创业是在不断互动的关系中展开的。Baum和Locke基于前人的研究结论，提出自我效能、目标和愿景是新企业建立和发展的三个核心动力要素。这三个核心要素以自我效能为基础和前提，并且与创业者的领导力及社会认知密切相关。所以，创业自我效能如何影响创业决策行为？在影响过程中角色认同的中介机制如何发挥作用？这些问题构成了未来研究的关键领域。

1.1.2.2 角色认同理论在创业动机转化为创业行为过程中的作用

创业研究业已形成的管理学派、领导学派、战略学派、风险学派、创新学派、机会学派、认知学派、社会学派，从创业活动具有鲜明的理性成分出发，较多地站在创业者理性视角去观察创业行为，而对创业过程中的非理性因素关注其少（林强、姜彦福、张健，2001）。然而激情已经深深植根于创业的理论和实践探索中，回溯熊彼特的早期论著，研究者和实践者都已经援引"激情"来对无法用理性视角解释的创业行为进行剖析，如非常规的冒险、超级强烈的关注和对梦想不可动摇的信念等。许多学者也提出相似观点，如Bird（1989）称创业行为是一种激情的、充满情感、动力和灵魂的力量的行为；Cardon，Zietsma，Saparito，Matherne

和 Davis（2005）提出创业可以被看作"激情的故事"；Smilor（1997）更进一步指出，激情应该是创业过程中显著且可观察的现象。尽管学者们似乎都同意动机是创业过程的一个关键组成部分（Herron & Sapienza，1992；Naffziger，Hornsby & Kuratko，1994），但我们却对创业动机的来源知之甚少（Shane et al.，2003）。中国台湾学者林家五（1999）在研究中发现，创业者在整个创业历程中的投资抉择、产品与技术研发、策略方向选择，甚至经营理念与管理风格，都会受到一个核心概念的影响，就是创业者对自己的角色的认同（Self-identity）。以认同的观点来分析企业的管理行动与策略决策行为，Eccles，Nohria 和 Berkley（1992）已经讨论过，他们认为角色认同是激励经理人，甚至决定组织策略行动的主要动机。Whetten 和 Godfrey（1998）曾访问几位对认同（Identity）有兴趣的学者，以"对话"的方式撰写了《组织认同》（*Identity in Organization*）一书。这样的发展趋势，让本研究更确立了"角色认同"这项概念在研究创业者行为过程中的重要性。本研究即基于这个创新性的构念，针对它对决策行为的影响进行深入分析。因为动机在新组织的创造过程中发挥非常重要的作用，所以没有涉及这一概念的组织创建理论是不完整的（Herron & Sapienza，1992）。创业研究主要是针对机会与个体之间的相互关系而展开的（Shane & Venkataraman，2000）。虽然学术界投入了大量的精力对创业机会的本质进行研究，但我们必须明确，创业者个体更是创业过程中至关重要的催化剂（Shane，Locke & Collins，2003）。新企业的创建，需要这样一类特殊的人——在他们的头脑中所有的可能性都被汇集起来，他们相信创新是可行的，并且，他们具有坚持到底直到目标实现的动力（Shaver & Scott，1991）。这种动力源自何处？它又是如何影响创业者的角色认同进而对创业决策行为产生何种作用的？这一机制尚未得到充分研究。可见，突破传统的创业特质研究，将创业决策行为与源自认知理论的创业自我效能相结合，并把角色认同理论作为灵魂，贯穿创业者的创业心路历程，将对推动认知理论和行为理论的发展具有重要的理论价值。

1.2 研究问题

本研究基于文献回顾，以自我效能理论、角色认同理论和决策行为理论为理论基础，构建了创业自我效能—创业角色认同—创业决策行为的理论模型，探索了以创业角色认同为中介的创业自我效能对创业决策行为的影响过程，以及不同创业价值感知水平和创业者社会网络对其路径影响的差异性。具体而言，基于已有的理论和相关研究，本研究将创业角色认同——包括开发者角色、投资者角色和改革者角色作为中介机制，并且基于社会网络理论和认知理论，将创业者社会网络和创业价值感知整合到创业自我效能—创业角色认同（开发者、投资者和改革者）—创业决策行为的模型中，探究个体社会网络因素如何在自我效能和角色认同的路径中起作用，以及外部感知因素如何在角色认同和决策行为的路径中起作用。本研究主要回答以下四个问题。①哪些关键的创业自我效能影响了创业决策行为？②不同的创业自我效能对创业角色认同的影响方式和程度如何？③创业者社会网络水平不同对创业自我效能和创业角色认同之间的作用路径产生怎样的影响？也就是说，不同的创业者社会网络水平会如何加强或减弱其作用强度？④外部环境反馈的不同的创业价值感知对创业角色认同和创业决策行为之间的路径会产生怎样的影响？

1.3 研究结构

基于以上提出的研究问题，本书的结构安排分为七个章节。

第一章，引言。本章主要阐述本研究的理论和实践背景，以阐明"创业自我效能—创业角色认同—创业决策行为"这一结构关系的必要性和可行性，在此基础上，明确研究目的，提出拟要研究的问题，并进一步确定具体研究内容、拟采取的研究方法及主要的创新点。本部分旨在对本研究的内容结构进行简要介绍。

第二章，文献综述。本章通过对创业认知领域和创业行为领域已有文献的归纳和评述，找出每个领域现有研究的理论缺口与不足，以寻找可以进一步扩展和补充现有理论的创新点。在创业认知部分，就创业自我效能感知对创业决策行为影响的相关研究的现状进行了归纳和评述，以发现可能存在的中介机制；在创业决策行为部分，归纳了关于创业者个人特质和角色认同对创业行为影响的理论争论，以及现有文献中关于如何打开创业者心理认知"黑箱"，从而对创业者从"Thinking（思）"到"Doing（行）"的转化过程展开更深入的解读和剖析。

第三章，概念模型与假设。本章基于研究问题和文献综述，提出相关概念模型，并推导出各假设关系。围绕在第1章中提出的主要研究问题，结合对现有研究文献缺陷和借鉴意义的分析，本章先讨论整体模型的构建思路，再论述模型中涉及的各个具体假设关系，逐步阐述在考虑创业者社会网络和创业价值感知的条件下，以自我效能感知（角色驱动）为动因、角色认同为中介过程、创业决策行为为角色价值的一组结构关系的权变模型。

第四章，研究方法。本章主要介绍样本数据的收集方法和变量的测量方法。首先，对数据收集所需的问卷设计和调研工作进行说明，并详细分析模型中各要素的度量方法。其次，确定变量的测量工具，这些工具主要基于前人研究的结论，并通过分析问卷的信度和效度，确保本研究所提出的变量具有良好的可靠性和有效性，为后续的回归分析和模型检验奠定基础。最后，对判断模型有效性所需各指标的内涵进行说明。

第五章，数据分析与结果。本章采用描述性统计分析、结构模型验证、回归分析等方法，对提出的假设进行验证。描述性统计分析为假设关系检验和结果讨论提供基础；结构模型验证用于评估模型整体的拟合程度；回归分析则用于验证主效应、中介效应及调节效应等假设关系。

第六章，讨论。本章首先对整体模型和各假设关系验证的结果进行讨论，分析得到验证和未得到验证的假设，并据此得出相关结论。其次，结合相关理论和前人研究成果，探讨实证研究结论，分析假设未通过验证的原因。最后，通过对五个案例的比较分析，进一步支持本研究的结论。

第七章，结论。本章回顾并总结本研究的主要结论，与现有文献进行对比，提炼研究贡献和创新点。同时，阐述本研究的理论意义和实践启示，指出研究中存在的不足，并明确未来研究方向。

1.4 研究设计

1.4.1 研究方法

本研究采用的方法主要是实证研究法。先通过文献研究来确定研究的视角和主要研究问题，再进一步采用规范实证研究方法对构建的概念模型和研究假设进行验证，包括对测量工具的修正和改进、问卷设计与数据收集、信度和效度检验、多元回归分析等步骤，并最终通过对比案例分析进一步说明数据分析所得出的结论。

1.4.2　研究流程

本研究的研究流程大致分为三个阶段。

第一阶段的任务是在深入剖析理论与实践研究背景及总结前人研究成果的基础上，明确研究的视角和主题。通过系统梳理国内外相关研究文献，我们确定了研究需要解决的关键问题和主要研究内容，进而选择了研究变量，构建了概念模型，并提出了相应的研究假设。

第二阶段的任务聚焦于研究工具的确定。首先，我们借鉴了国外相关研究中已开发并验证的成熟量表，通过文献分析、专家咨询及半开放问卷等方式，对已有量表进行了修正与优化，形成了针对创业自我效能、角色认同、创业决策行为、创业者社会网络和创业价值感知的测量量表；其次，我们采用探索性因子分析和验证性因子分析的方法，对修正后量表的测量维度和结构效度进行了检验；最后，通过验证量表的内容信度和结构信度，确保了本研究所需量表的科学性和可靠性。

第三阶段的任务主要是对数据进行分析，并研究验证假设。我们主要采用相关分析和回归分析法，探讨了创业自我效能、创业角色认同和创业决策行为之间的关系，以及创业者社会网络与创业价值感知对上述关系的调节效应。在此基础上，我们对研究结果进行了全面的分析，给出了合理的解释，阐述了研究的贡献与价值。同时，我们也指出了本研究的局限性，并为未来的研究方向提出了建设性的建议。

本研究的总体流程如图 1-1 所示。

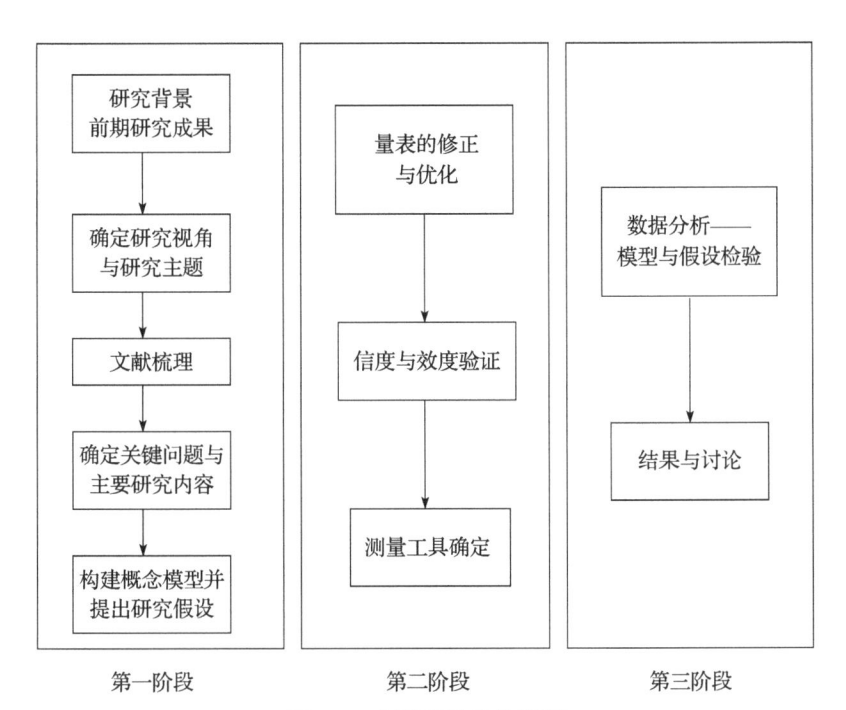

图 1-1 本研究的总体流程

第 2 章
文献综述

关于"创业者为什么会选择创业"的研究屡见不鲜（Stevenson & Jarillo，1990）。创业研究者们投入了大量的精力来探寻"为何某些个体具有成为创业者的动机，而其他个体却没有"（Gartner，1989）。尽管这一领域在学术界得到了广泛研究，但关于"创业动机是如何转化成实际行动"的问题，却很少有人关注。为了深入剖析创业动机向创业行为的转化机制，我们首先需要系统回顾国内外关于创业动机和创业行为的研究文献。根据本书的研究主题，为明确已有研究存在的问题及借鉴意义，本章将分别综述与"创业动机""角色认同理论"及"创业决策行为"相关的历史研究文献的主要研究结论，并进行比较和分析。在文献回顾的每一个部分我们都将评述以往研究的关注点、研究价值及其不足，并据此进一步阐明本研究的理论意义。最终，我们将总结本研究视角和概念模型所涉及的关键要素，为构建整体概念模型及提出研究假设的奠定基础。

2.1 关于创业者创业动机的相关研究

2.1.1 创业者和创业动机的内涵

2.1.1.1 创业者的内涵和分类

关于创业者的定义，Schumpeter（1934）认为"创业者即创新者"，创业者能够针对经济环境中的各种变动趋势，创造出相适宜的反应措施，进而创造个人利润与带动经济发展。《韦氏第三版新国际英语大辞典》（*Merriam-Webster Third New International Dictionary*，1961）中对创业者的定义是:"经济事业的组织者,特别是指具有组织、拥有、管理企业并承担风险的能力的人。"Nelson(1989)认为,愿意且能够承担风险的程度,是决定成功创业者的关键因素,此外,创业者还需同时具备其他条件,如环境、时机、资金及毅力。Yee(1991)进一步指出,创业者是那些有愿景、强烈企图心、懂得适时掌握机会的人。所谓创业者,即具备开创新事业的勇气、统合所需的各项资源,同时承担大部分的风险的人(魏顺得,1993)。

国内外研究学者对创业者的定义因环境、文化的差异而有所不同。例如,Drucker(1984)指出,在美国,创业者常被定义为开创自己崭新的小型企业的人;Carsrud(1986)则认为,创业者是那些愿意且能够承担个人风险与责任,并能结合生产方式及信誉,以达到获得利润或达成其他如权利、声望之类的特殊目的的人。王作荣(1978)表示,创业者必须具备下列四个条件:①不断寻找投资创业的机会,开辟新市场,获取原料来源,研究新产品及发展新技术;②发挥组织的功能,将各种生产要素组织起来,进行适当运用;③承担风险,开辟新境界;④在管理及技术方面应不断革新。许士军(1993)表示,创业者具有下列四个条件:①创建及经营事业的创新者;②创建及管理一个事业以追求利润及成长为主要目的的人;③从事经济风险事业,且负担经营风险之组织者;④愿意并且有能力承担个人风险及责任,组合生产、信用手段来追求利润或是其他权利及声望之类目的的人。陈辉吉(1993)指出,创业者须具备以下各种能力:①独具慧眼;②充分利用某一行业知识、技巧及创意;③提供满足顾客所需要的商品及服务;④全神贯注投入创业工作;⑤能享受从无到有、由小变大的乐趣;⑥具备出色的沟通能力;⑦实现营运成本合理化;⑧习惯于"市场惯性竞争";⑨眼光远大且追求自我发展。

20世纪80年代,学者们普遍从创业者的人格与行为特质来定义他们。如Brandt(1987)认为所谓真正的创业者应该指"能在企业里,不断推动改革力量的人,并随时准备面对不同的挑战";Boulton 与 Carland（1984）认为创业者是"建立和管理企业,并试图使企业获利及成长的人";Bowen 与 Hisrich（1986）对创业者下了另一种定义："创业是一种投入努力与时间以开创事业的过程,必须冒财务、心理及社会的风险,最后得到金钱报酬与个人的满足感。"

从上述内容可以看出,创业与创业者的定义非常多,而不同领域的学者,从不同的视角出发,对于创业者也有不同的定义。不同于社会学与管理学的视角,经济学认为,所谓创业者是指能够结合各项资源（如土地、劳动力、资本及创业者精神等）加以运用,以提高其附加价值并创造利润的人。本研究将部分学者对于创业者的定义整理如表2-1所示。

表 2-1 创业者的定义

参考文献	创业者的定义
Mill（1848）	最先使用创业者一词的经济学家。其认为指导、监督、控制以及风险承担是创业者所应具备的功能
Schumpeter（1934）	指能针对经济环境中的各种变动情况而创造适宜的反应措施,并带动经济的发展与成长的人
Willim Shame（1974）	指为了赚取"有形"和"无形"的利润,而投入时间、金钱与资源的投资者
Drucker（1985）	指能创造一些新且特别的事物,并能创造价值的人
Bowen & Hisrich（1986）	创业是一个投入努力与时间以开创事业的过程,同时必须承担财务、心理及社会风险,最后获取金钱报酬与个人的满足感
Brandt（1987）	指能在企业里,不断推动改革力量的人,同时随时准备面对不同挑战
Bygrave（1997）	指承担社会、心理及财务上的风险,以产生新的事业,进而获得自主性与财务报酬的人
Shane（2005）	指创设及管理事业以追求利润的人,同时愿意承担经营风险

资料来源：根据许东赞（2007）文章整理。

除此之外，对创业者角色的探究需要先了解创业者的分类。有关创业者的分类在学术界仍存在相当大的分歧。中国台湾学者林家五、黄国隆、郑伯壎（2004）将创业者研究分为三类：第一类将焦点放在解释创业者出现的现象；第二类以公司作为主角取代创业者；第三类以人格特质与能力等变量来指代创业者。Ucbasaran等（2001）将创业者类型分为创立者（Nascent，即想要建立新企业的人）、初学者（Novice，指没有任何创业经验的人）、习惯者（Habitual，拥有过往企业经营经验的人）、连续者（Serial，曾出售或关闭自创公司后继续经营其他企业）、组合者（Portfolio，持续经营自创公司后继续经营其他企业的人），这些分类表明不同背景对新创事业经营具有显著影响。

从世界经济的发展历程来看，与企业家（Entrepreneur）一词相对应的社会角色的内涵是伴随着生产力发展和科技进步的过程而转变的。在资本主义初期阶段，企业家是指生产劳动者、经营者和所有者角色的三位一体；随着经济的发展和社会的进步，个别资本规模日益扩大，企业家从具体的生产劳动中脱离，从而出现集所有者和经营者于一身的"资本家"角色；伴随经济社会的进一步发展，个别资本发展成为社会资本，从而爆发"经理革命"，大量涌现的公司制企业，使得企业家角色逐渐由专门从事企业的经营管理活动的职业经理人来扮演。在经历了一段时间的演变后，创业投资活动逐渐兴起，新兴企业大批涌现，从而出现了与"资本家"、职业经理人不同的新一代企业家类型，本书将前两种企业家视为传统企业家，而后一种类型则为本研究所讲的创业者。企业家的职责即是对各项资源的优化配置及对各类机会的有效利用，从而扮演"权威"的角色，在已经建立的企业组织架构内进行各类领导、管理等决策活动，从而维持企业的持续竞争优势。若要成为真正的企业家，必须符合三个条件：一是通过自己或者他人的资本创办企业；二是拥有企业的控制权并投入企业的经营活动，并承担决策后果与风险；三是能够对一切可能的机会进行开发和利用从而实现企业的不断创新与发展。由此可以看出，从创业者成长为企业家并不只是一个自然的过渡，也不是通过经验积累即能完成的过程，它不是量变而是质变。所以基于本研究的研究目的，我们将创业者进行更为清晰的定义，即是创办新企业，领导和管理企业的经营运作并全面承担创业风险的创业主体。这个定义包含了三部分内容：企业创建者、管理决策者及风险承担者。而创业的类型也包括三种类型：开发新事业、内部创业及创业型改造。从创业者的创业动机亦可以将其划分为开发型创业者、改革型创业者和投资型创业者，这促使本研究进一步将创业者角色划分为开发者、改革者和投资者三种角色。

2.1.1.2 创业形态

Christian（2000）认为，根据创业对市场和个人的影响程度，创业可以区分为以下四种形态。①复制型创业（Entrepreneurial Reproduction）：这种模式复制了原有公司的经营模式，创新成分较低。尽管在新创公司中，复制型创业的比例较高，但其对创新贡献较低，缺乏创业精神的内涵。②模仿型创业（Entrepreneurial Imitation）：与复制型创业不同，模仿型创业虽然也未能在市场上创造新价值，但其创业过程对创业者而言具有较大的冒险（Venture）性。若这类创业者具备适合的创业人格特质，经由系统性的创业管理培训，掌握正确的市场进入时机，他们仍有很大机会获得成功。③安定型创业（Entrepreneurial Valorization）：此形态创业为市场创造了新的价值，但对创业者个人而言，并未带来太大的改变，他们通常从事较为熟悉的工作。这种创业形态强调的是创业精神的实现，即创新活动，而非新组织的创造，企业内部创业即属于这一种形态。例如，研发部门的某小组在完成一个产品开发之后，继续在公司内部开发另一个新产品。④冒险型创业（Entrepreneurial Venture）：这种创业形态不仅要求创业者自身经历巨大转变,且面临高度的不确定性,同时新事业的产品创新也将面临很高的市场不确定风险。冒险型创业是一种高难度的创业类型,失败率较高,但成功后的回报也极为丰厚。这种形态的创业如果想要获得成功,则必须在创业者能力、创业时机、创业精神发挥程度、经营策略、创业过程管理等方面都有良好的配合。此外,Gartner,Mitchell 和 Vesper(1989)三位学者通过对 106 位创业者发放问卷,从个人、组织、环境、过程四个方面进行研究,发现创业形态可以进一步细分为 8 种,如表 2-2 所示。

表 2-2 创业形态

1	离职创立新公司,新公司与原来任职公司属于不同行业性质,新公司也必须立即面对激烈的市场竞争
2	新公司由原行业的精英人才所组成,希望以最佳团队组合,集合众家之长,来发挥竞争优势
3	创业者运用原有的专业技术与顾客关系创立新公司,并且能够提供比原公司更好的服务
4	接手一家运营中的小公司,快速实现个人创业梦想
5	创业者拥有专业技术,能预先察觉未来市场变迁与顾客需求的新趋势,因而决定掌握机会,创立新公司
6	为给特殊目标市场顾客提供更好的产品与服务而离职创立新公司,新公司具有服务特殊目标市场的专业能力与竞争优势
7	创业者为实现新事业理想,在一个刚萌芽的新市场中从事创新活动,试图获得领先创新的竞争优势,但相对的不确定性风险也比较高
8	离职创立新公司,产品或服务和原有公司相似,但是在流程与营销上有所创新,能为顾客提供更满意的产品与服务

陈辉吉(1993)表示,日本的新事业协谈会(简称 NBC)将那些能够成功转型并代领企业走向新高峰的第二代杰出经营者也视为"创业者"。这些第二代出色的经营者则可细分为以下两种。①反败为胜型:这类第二代继承人接手经营欠佳的企业,不仅需维持企业的正常运转,还需引领

企业走出困境，并在激烈的竞争中茁壮成长。他们所承担的经营责任之重，不亚于真正的创业者，其经营的决心、毅力及耗费的心血，甚至可能超越创业者。他们勇于创新、积极进取、持之以恒，因此常被称为"中兴始祖"。②发扬光大型：这类第二代传人继任先辈的事业，作为企业掌门人，他们需脚踏实地，既要摆脱现有的负担，又要塑造出清新活泼的企业组织及文化。他们以创新眼光结合坚实的成长经营策略，引领企业进入新的发展阶段，开拓更广阔的发展空间。这类创业者需具备长远的眼光、对新现实环境的认识、经营的智慧、对企业成长的强烈企图心、优越的领导能力、融洽的人际关系处理能力及耐心、恒心。这一类型创业者通常被称为"卓越传承者"。

吉福·宾区特（1985）强调，内部创业（Intrapreneur）是一种创新的制度设计，旨在充分利用公司内部的创业人才，加速创新进程。这种制度为创业人才提供了在公司内部执行自己创意的机会，从而减少了他们独立创业的可能性。

因目前对创业形态分类的方式众多，以往的研究大多基于Christian（2000）的文献进行分类及探讨（黄俊杰，2003；陈信钦，2003）。本研究在整理现有文献的基础上，推断创业形态可进一步细分为自行创业（白手起家）、创业者第二代、内部创业、外部进入者及其他几类。考虑到陈辉吉（1993）的研究中，前三者占据93%的比例，因此本研究将主要聚焦于自行创业（白手起家）、创业者第二代及内部创业这三种形态进行深入研究。

综上可知，创业者是创立事业体的个人，并拥有企业经营管理实权，其对于经营事业勇于承担风险，并重视机会的掌握与制定决策；创业者不但是实际执行创业活动的人，而且担负事业的创立与经营成败的责任。一般而言，创业者具有不同于一般人的特质部分，如对于风险的承担、乐观、成就的追求与强烈的责任感等。

2.1.1.3 创业动机的内涵

动机代表着促使人们去追求或完成某些欲达成的工作或目标的推动感情。根据McClelland（1961）对于动机的研究，他强调以系统的、客观的、有效的方法进行动机研究，并且提出个体在工作情境中有三种重要的动机或需要：成就需要、权力需要与物质需要。Campbell和Pritchard（1976）认为动机是一种观念，即为达到工作目标所愿付出的努力。换言之，动机也就是一种推动行为的力量。Benjamin和Philip（1986）在有关创业动机的影响因素研究中，将其分为"推（Push）"与"拉（Pull）"两个层面。在"推"的层面，创业动机主要是受到负面因素影响而产生，激发某人的创业潜能，将其推向创业领域；这些负面因素可能是对现有工作不满意、企业裁员或结束营业等。在"拉"的层面，创业动机是受到某些正面因素的影响，而吸引个人采取创业活动；这些正面因素可能是潜在的获利机会、个人专利权的持有等。Dubini（1989）针对163位创业者进行问卷调查，列出了28项关于创业者考虑创业的可能原因，且其运用因素分析法，将28项变量归为7项动机因素，分别为：成就（Achievement）、福利（Welfare）、地位（Status）、金钱（Money）、逃离（Escape）、自由（Freedom）与角色塑造（Role Models）。Greenberger和Sexton（1988）指出，创业者之所以从事创业行为，其创业动机有下列五种：①发现新商机；②独特的专业知识；③发展出更有效率的管理或生产模式；④研发出新产品或服务，并在市场上发现利基点（Niche）；⑤认为创业是抓住有限机会，开辟个人道路的有效途径。在内在动机的驱使下，创业者在面对环境的不确定与高风险前提下，仍愿主动追求创新与创业（Drucker，1995；Amabile et al，1996）。创业者往往能通过目标或理想的实现而自得其乐，这使他们在缺乏支持或报偿的前提下，仍愿朝向预期目标努力。

关于创业动机的其他探讨中，Powell 和 Bimmerle（1980）认为影响创业的因素如下：①对现职不满意；②出现创业机会；③受到旁人鼓舞。Ghosh 和 Kwan（1996）则针对新加坡及澳大利亚的创业者进行的研究发现，他们创业的主要原因如下：①个人向上成长的意愿；②不愿为他人工作；③拥有使用自己的知识与经验的机会；④喜欢独立自主；⑤喜欢挑战；⑥被家庭或者朋友影响。

2.1.2 国内外关于创业动机的研究

关于"创业者为什么会选择创业"的研究屡见不鲜（Stevenson & Jarillo，1990），创业研究者投入了大量的精力来探寻"为什么某些个体会具有成为一名创业者的动机，而其他个体却没有"（Gartner，1988）。尽管这项研究在学术领域已被广泛地展开，但关于"创业动机的起源"的问题却很少有人关注。对创业动机的起源展开研究之前，我们先要对国内外关于创业动机的研究文献进行回顾。根据 Haynie（2005）提出的一般研究方法，本研究通过关键词和数据库对相关文章进行检索，选择在"摘要"内包含"创业者（Entrepreneur）"和"动机（Motivation）"的所有可能的相关文献，并将检索的时间范围限定在 1986 至 2009 年，共 24 年，检索范围限定在管理和创业研究领域的专业学术期刊——《管理学术杂志》（*Academy of Management Journal*）、《管理科学评论》（*Academy of Management Review*）、《管理科学季刊》（*Administrative Science Quarterly*）、《创业理论与实践》（*Entrepreneurship Theory and Practice*）、《人力资源管理》（*Human Resource Management Review*）、《应用行为科学杂志》（*Journal of Applied Behavioral Science*）、《应用心理学》（*Journal of Applied Psychology*）、《企业创业》（*Journal of Business Venturing*）、《管理学杂志》（*Journal of Management*）、《管理科学》（*Management Science*）、《组织科学》（*Organization*

Science)、《组织行为和人类决策过程》(Organizational Behavior and Human Decision Processes)和《战略管理杂志》(Strategic Management Journal),共得到40篇理论和实证研究成果。将其进行整理,并剔除那些未将"创业动机(Entrepreneurial Motivation)"作为核心研究主题的文章(如某些摘要主要讨论创业学者或者在创业政策方面的政府激励),最终筛选出20篇以"创业动机"为核心研究主题的文章(见表2-3)。通过对这些文献的回顾,我们梳理了前人在分析动机时采用的方法和是否涉及创业动机的起源研究。

表2-3 有关创业动机的文献综述

作者	构念	是否关注来源	描述(E-实证,T-理论)
Chen, Yao, & Kotha (2009)	动机(激情)	是	(E)创业者的认知激情会对风险投资决策产生显著影响,但情感激情带来的影响并不显著
Baron (2008)	动机(情感)	否	(T)情感对创业认知和创业行为的各个方面都会产生影响,对于机会识别和资源获取也很重要。在创业过程中情感的影响可能是直接的、间接的,或是起到调节作用的
Cardon (2008)	动机(激情)	是	(T)激情会对转化型领导模式产生重要影响,也会对员工的情感和工作状态产生影响
Huy & Zott (2007)	动机(情感规制)	否	(E)成功的创业者善于向他人展示激情,同时在自我情感控制方面也有较好的表现,这些可以增强投资者的信心,也会很好地调动员工的积极性
Souitaris, Zerbinati & Al-Laham (2007)	动机	是	(E)灵感来源于个体和特定机会之间的情感化学反应,并且会影响创业者做出超出之前的创业研究所建立的常规模型的决策
Sundararajan & Peters (2007)	动机(积极情感)	否	(T)积极的情感在创业动机与创业构想的匹配过程中发挥作用,而自我效能和已有知识会对情感的作用过程起到调节作用

续表

作者	构念	是否关注来源	描述（E-实证，T-理论）
Ma & Tan（2006）	动机	否	（T）创业是激情投入的过程，它使得创业者相信他们所做的都是为了实现自己的理想，并战胜所有常规获得成功
Murnieks & Mosakowski（2006）	动机	否	（T）当创业者角色认同处于重要位置时，激情就会出现，从而帮助创业者面对创业过程中的困难和挫折
Brannback, Carsrud, Elfving & Krueger（2006）	动机	否	（E）激情会在创业意图形成和机会开发过程中发挥重要的作用，但是在以往研究中通过所开发的激情量表很难得出预期的显著作用，所以激情的影响是很复杂的，并且需要更进一步的研究
Levesque & Minniti（2006）	动机	否	（T）假设创业动机会随着年龄的增长而逐渐减弱，因为越短的创业周期会使创业收益越不理想
Cardon, Zietsma, Saparito, Matheme & Davis（2005）	动机	否	（T）激情会令个体在工作中付出更多努力、坚持和热情，并且激情会使得个体产生对新创企业的认同，但这种认同不一定是功能上的
Winnen（2005）	动机（情绪智能）	否	（E）在创业过程中，激情是一种会影响机会识别、任务完成、愿景设计、决策、坚持、计划过程的情感，不同的创业者对于激情的关注是不同的
Baron & Ward（2004）	动机	否	（T）创业的动机能帮助创业者探索各种方式去找寻创业机会，在具有挑战的机会面前，拥有热情的创业者比其他人表现得更加积极
Baum & Locke（2004）	动机（情境）	否	（E）对229名创业者的纵向研究发现目标制定、自我效能和企业成长之间有显著的关系
Brockner, Higgins, & Low（2004）	动机（规制焦点）	是 特性和环境基础	（T）通过规制焦点理论来解释并预测创业行为。假设促进焦点和预防焦点相结合会对有效行动产生重要影响，认为以特质为基础的动机可由情境或环境决定

续表

作者	构念	是否关注来源	描述（E-实证，T-理论）
Cross & Travaglione（2003）	动机	否	（E）通过研究发现创业者在赞扬、表达、规范、利用情绪等方面表现出较高水平，其中包括处理问题的能力和持之以恒的精神
DeMartino & Barbato（2003）	动机	是 职业基础	（E）对261名创业者的研究发现，男性创业者和女性创业者的职业动机存在显著差异，女性将家庭动机排在重要的位置而男性却把财富创造排在首要位置
Shane，Locke & Collins（2003）	动机	隐含的特性基础	（T）对影响创业过程的主要动机进行了回顾：成就的需要、目标设定、自我效能、对独立的渴望、激情驱动
Branzei & Zietsma（2003）	动机	隐含的特性基础	（T）激情和热爱会产生积极的幻觉，导致创业者的认知偏差和对机会的持续探索
Douglas & Shepherd（2002）	动机	是 特性基础	（E）对94个个体的结合研究发现风险承担、对独立的需要和创业意图之间存在着显著关系
Baron & Hannan（2002）	动机	否	（E）越是将对员工的爱作为创建企业的基础的创业者，越早引入专业化的人力资源管理职能，也越不容易出现组织失败的情况
Gatewood, Shaver, Powers, & Gartner（2002）	动机	是 反馈基础	（E）通过179名大学生验证创业动机的期望模型。研究认为，期望被正面或负面的反馈所影响，但与绩效之间并没有发现相关关系
Baum，Locke, & Smith（2001）	动机（情境）	否	（E）对307名创业者的研究发现情境动机（目标、愿景和自我效能）与企业成长之间显著相关
Liao, Welsch, & Pistrui（2001）	动机	否	（E）在对405个罗马尼亚创业者的研究中发现，内在动机和外在动机均与创业行为显著相关
Bierly, Kessler, & Christensen（2000）	动机	是	（E）激情会促使人们坚信自己的工作是有意义的。激情是与动机紧密相连的，并且能够促进创新
Douglas & Shepherd（2000）	动机	是 特性基础	（T）假设创业意图是以效用最大化为基础的，效用函数要素的决定因素主要是基于特性（对待工作、风险和独立的态度）

续表

作者	构念	是否关注来源	描述（E-实证，T-理论）
Gimeno, Folta, Cooper, & Woo（1997）	动机	否	（E）对1547名创业者的研究发现，内在动机与创业持久性（与退出相比）之间存在显著关系
Smilor（1997）	动机	是 激情	（T）创业动机来源于对具有挑战性的目标坚持不懈、毫不动摇的追求，这种激情会在个体有充分自由和机会去实现自己的梦想时出现
Ropo & Hunt（1995）	动机	是 特性基础	（E）以扎根理论为视角研究个体和组织要素在追寻创业机会的过程中的互动
Naffziger, Hornsby, & Kuratko（1994）	动机	是 特性、回报和环境基础	（T）提出了一种迭代的创业动机模型，即在激励创业者的过程中个人特征、目标和情境（如总体商业环境）与内在和外在报酬之间产生的互动
Gartner, Bird, & Starr（1992）	动机	是 各种来源	（T）对五大激励理论进行了回顾：需要、强化、公平、期望和目标，并讨论了它们各自在组织诞生过程中可能发挥的作用，但并没有深入细致地探讨这些动机的来源
Herron & Sapienza（1992）	动机	是 特性、价值和环境基础	（T）提出了一种创业模式是开始于个体的愿望和他们对现状的不满而引发的。愿望和不满是被价值观、背景和个性特征所驱动的
Starr & Fondas（1992）	动机（适应）	隐含的特性基础	（T）提出了一种创业者社会化的模式，其中指出适应创业者角色的动机是一个重要的因素。假设动机的基础主要来自特性或者外在报酬
Shaver & Scott（1991）	动机	是 特性和环境基础	（T）讨论了对创业者产生影响并激发他们建立新企业的愿望的各种动机要素，主要集中于以特性为基础的动机、个性特征、期望满意度的因素，以及与这些对行为有推动作用的变量相互影响的情境或环境要素，仍未对动机来源的其他细节深入探讨
Filion（1991）	动机	否	（E）创业动机对创业者的世界观有互动作用，通过观察和释义过程反射出来。光靠长时间的工作是不够的，还需要一定的强度

续表

作者	构念	是否关注来源	描述（E-实证，T-理论）
Johnson（1990）	动机（成就）	隐含的特性基础	（E）对23项研究的回顾验证了成就动机和创业行为之间有正向关系
Bird（1989）	动机	否	（E）创业动机会激发创业者的持久性和耐性，会引领创业者去见证创业的成功和困境都是与个人息息相关的。激情和愿景能使创业者在面对困难时保持乐观，并调动他人的积极性和能量
Miner, Smith, & Bracker（1989）（1994）	动机（任务）	是特性基础	（E）研究发现，创业者的任务动机比非创业者要高，并且任务动机与企业成长显著相关。任务动机由以特性为基础的五大动机构成
Cooper & Dunkelberg（1986）	动机	否	（E）对1756名企业所有者的邮件调查总结出引领个体成为企业家的不同道路（不同的动机），研究对一名创业者的典型特征进行了16种描述
Smith & Miner（1983）	动机	否	（E）对38名创业者的研究总结出他们的管理动机一般都较低

资料来源：根据Charles（2007）文献整理。

如表2-3所示，创业动机的来源已经引起了学者们的关注。其中，大多数文章将动机来源视为与个体性格密切相关，如以对成就和独立的追求为基础的个性特征。在这种思路的影响下，学者们陷入了将大部分创业动机与个性相关联的局限中。McClelland等人（1989）曾指出，以特征为基础的创业动机在预测创业行为过程中存在不完整性，因为它们缺乏明确的方向性，并且未将创业者的精力集中于某个特定目标。特质导向的动机观表明，个体可能会被特定的个性特质推动而采取特定行为（例如，高成就需求会表现出一种通过努力获得成功的强烈欲望），但并未明确说明为实现个人需求将朝着何种方向去努力（例如，并不是所有对成就有高需求的个体都会通过成为创业者来实现他的目标）。此外，Gartner，

Bird 和 Starr（1992）指出，特质决定的动机只是影响创业决策行为的众多因素之一，其他类型的动机及其来源同样值得我们展开进一步研究。

在对本文回顾的文献中，有 4 篇文章在关注特质为基础的创业动机的同时，也对影响创业动机的环境因素展开了讨论（Brockner et al., 2004; Herron & Sapienza, 1992; Naffziger et al., 1994; Shaver & Scott, 1991）。这些学者引入环境作为一个关键变量，它要么直接影响创业动机（Brockner, 2004），要么与创业动机产生相互作用（Herron & Sapienza, 1992; Naffziger et al., 1994; Shaver & Scott, 1991）。鉴于环境并非创业动机的唯一来源，本研究将其视为一个重要的调节变量。

在早期的创业领域，对"特征"的探讨确实为我们提供了大量关于动机起源的线索，包括对成就的需要（McClelland, 1961; Johnson, 1990）、对独立的追求，以及其他个人特质（Naffziger et al., 1994）。然而，创业特征研究的相对不确定性使得它很难成为研究的主体（Brockhaus & Horwitz, 1985; Gartner, 1988）。这种模糊性自然而然地引出了一个重要问题：在创业中，是否存在非特质决定的动机？换句话说，是否有些因素并非天生具备，却能激励个人进行创业活动？这一疑问促使本研究对创业自我效能产生了浓厚兴趣。

2.1.3 创业自我效能的相关研究

2.1.3.1 自我效能的内涵和功能

对于某些行为来讲，知识的转换操作过程是必要但不充分的。事实上，即使人们已充分认识到该做什么，却往往不去做出这种行为。这是因为，有关自我的思维在知识和行动的关系中起中介作用。这一研究思路涉及的问题是，人们如何评判自身能力，以及个体效能的自我知觉如何影响其动机和行为。近年来，理论和研究日益关注有关自我的思维在心理机能中所具有的地位和影响（Garber & Seligman，1980；Baum & Locke，2004；Hao Zhao, Seibert & Hills，2005；Forbes，2005；Drnovsek & Glas，2002；Luthans & Librayeva，2006；Krueger，2007）。尽管这些研究的视角不同，术语不同，但它们的核心关注点都是人们的个人效能感，即人们在事件上的自我控制能力的知觉。三元交互决定论及自我效能理论是班杜拉（Bandura，1977）社会认知理论的核心思想。三元交互决定论从人的认知及其行为和环境的互动过程中来考察人的认知规律与行为表现，行为是由认知因素和环境产生互动而决定的，但人的心理评价或信念——自我效能却起着主导作用（Bandura，1977）。研究表明，自我效能是一种重要的行为决定因素，它对行为的影响，在一定程度上独立于支持行为的各种技能（Locke，Frederick，Lee & Blbko，1984；Schunk，1984）。能力的充分发挥既需要技能，也需要有效运用技能的评价或信念。人们与环境的交互作用在一定程度上取决于对操作能力的评价，亦即在一定的情境中人们认为自己能做什么。所以，自我效能（Self-Efficacy）被定义为：人们对自身完成既定行为目标所需行动的组织和执行能力的判断（Bandura，1977）。这与一个人拥有的技能无关，但与人们对所拥有的能力能够干什么的判断有关系。自我效能虽然得到广泛的关注，但是还没有普适、共同认可的定义，有学者结合以往国内外文献中关于自我效能研究的主要观点（王艳喜、雷万胜，2006），对自我效能的内涵进行了综合整理归纳，如表2-4所示。而对于自我效能的概念，Luthans和Stajkovic（1998）基于组织行为领域给出了更广泛、更有针对性的定义："自我效能是指个体对自己能力的一种确切的信念（或自信），这种信念使自己在某个背景下为了成功地完成某项特定任务，能够调动起必需的动机、认知资源，付诸行动。"

表 2-4 自我效能内涵汇总

参考文献	定义
Barfield, Burlingame (1974)	使个体能够有效地同周围世界打交道的一种人格
Bandura (1986)	个体对自己能否在一定水平上完成某一活动所具有的能力判断、信念或主体自我把握与感受
Ashton, Webb (1989)	个体对特定环境做出反应的一种心态
Wood, Bandura (1989)	自我效能是个人对他们引发动机、识别资源、所需行动对生活中的事件进行控制等能力的认知评价
张春兴 (1991)	个人对自己所从事某种工作所具能力,以及对该工作可能做到某种程度的一种主观评价
周国韬、戚立夫 (1993)	个体对自己能够进行某一行为的实施能力的推测或判断,它意味着个人是否确信自己能够成功地进行带来某一结果的行为
杨心德 (1993)	个体对自己所采取的行为影响行为结果所持的有效或无效的自我体验
董奇等 (1996)	个体对自己能胜任某项活动的自信程度
Stajkovic, Luthans (1998)	针对组织行为领域,认为"自我效能是指个体对自己能力的一种确切的信念(或自信心),这种能力使自己在某个背景下为了成功地完成某项特定任务,能够调动必需的动机、认知资源与付诸行动"
Shane, Locke & Collins (2003)	自我效能是整合和调动必要的个人资源、技能和能力在一定水平上完成特定任务的成就意念。换句话说,自我效能可被看成对特定任务的信心

自我效能指的是个人对自己是否达到某一行为水平的能力的评判,而结果预期则是对执行这种行为后可能产生某种结果的预期。结果预期有时也会被错误地理解为技能的有效性(Maddux, Sherer & Rogers, 1982; Manning & Wright, 1983)。技能并不是结果,有效的技能只是产生结果的手段,但它本身并不是结果预期。效能判断和结果判断是不同的,因为个体知道某种行为进程会带来某种结果,但是他们却不能按照设想的

结果来行动,而且他们不敢确定自己是否真正有能力去实施必要的行动。因而,高分学生进入医学院和行医会带来高收入的期望,并不能促使那些严重怀疑自己能够达到这一学科要求的大学生去学习医学课程的预科(Bandura,1977)。在一个对各种因素的影响都做了统计上的控制的分析中发现,与预期的结果相比,自我效能对以下活动中的行为表现具有更强的预测力,如恐惧、自信行为、戒烟、体育战绩、销售行为及疼痛的忍受等(Barling & Abel,1983;Barling & Beattie,1983;Godding & Glasgow,1985;Lee,1984a,1984b;Manning & Wright,1983;Williams & Watson,1985)。

自我效能具有三个重要特征:①它综合了来自行动者本人、特定任务目标和他人提供的各种信息后产生;②它涉及动机成分;③它是一种动力结构,具有动态性,会依据新的经验和信息发生变化(Gist & Mitchell,1992)。而自我效能来源于四个方面:直接经验、替代经验、社会劝导和身心状态(Bandura,1997)。

效能的自我知觉不仅是对未来行动的初步或简单估计、对自己操作能力的信心,还是一种决定人们的行为、思维方式及影响情绪反应的最为直接的因素。因而,自我信念以如下多种方式影响着人们的心理机能的发挥。①选择行为——在日常生活中,采取什么样的行动及行动的持续时间,人们时时需要作出决定。对自我效能的判断,部分地决定着人们对活动和特定社会环境的选择。人们倾向于避开他们认为超出自己能力范围的任务和处境,而毫不犹豫地从事他们认为自己有能力处理的事情(Bandura,1977)。②努力付出与坚持不懈——在面临障碍和困境时,效能评判也决定人们付出多少努力、坚持多长时间。自我效能感越强烈,付出的努力会越多、持续的时间会越长。当处于困境时,那些被能力的自我怀疑困扰着的人们,会降低努力程度甚至放弃努力;而那些有强烈效能感的人们，会付出更大的努力去征服困难（Bandura & Cervone, 1986; Brown, Gould & Jackson, 1979）。③思维方式和情感反应——人们对自身能力的评价，也影响他们与环境互动过程中的思维方式和情感反应。那些感到自己处理周边问题不得力的人，思维会停留在自身的不足上，并且把潜在的困难看得比实际上要可怕得多（Beck, 1976; Lazarus & Launier, 1978; Meichenbarm, 1977; Sarason, 1975）。自我效能也影响人们的因果思维（Collins, 1982）。在寻求解决困难问题的过程中，具有高自我效能感的人倾向于将自己的失败归因为努力不够，而那些能力相当但自我效能感较低的人，将自己的失败归因为能力不足。④作为行为的产生者而不仅仅是行为的预告者——人们可以通过自我反思对自己的行为产生影响，这一观点并不被那些更喜欢行为主义的观点的人很好地接受（Rachman, 1978），他们不认为自我效能感具备任何决定性特征，好像自我知觉仅是安置在机体内的一种未来行为的被动预测器。与此观点相反的研究认为，具有高效能感的个体，在行动、思维和感受方面与低效能者是很不相同的，他们创造自己的未来，而不是简单地预测它。关于自我效能在相关领域的应用，班杜拉（1997）指出，由于不同领域之间具有差异性，一个人在不同领域中其自我效能是不同的，所以，任何时候讨论自我效能，都是以某种特定领域为基础的自我效能。

2.1.3.2 创业自我效能及其研究进展

自我效能在管理领域尤其是领导领域有着重要影响，但这一领域的影响在某种程度上被忽视了（弗雷德，2003）。自我效能对组织行为的动力过程及管理和领导绩效具有重要影响，Stajkovic 和 Luthans（1998）通过元分析（114项研究，21616名被试者）发现，自我效能和工作绩效的加权平均相关系数能够达到0.38，并且非常显著，标准化后显示自我效能的提高可以使绩效提高28%。

尽管近年来相关研究已经明确了领导自信心的重要性（House & Shamir，1993），但很少有人在领导研究领域尝试通过测量和实证研究验证自我效能理论和其他观点（Chemers，2000）。创业的核心即领导与变革，创业过程则是领导各个方面的综合体现：如发起变革、打造核心团队、愿景构思推广与实现、非正式网络营造、组织文化培养等。由于创业者所面临的环境和目标任务的特殊性，自我效能被指出是导致创业意向的重要前提（Boyd & Vozikis，Krueger & Brazeal，1994），并且是揭示关键创业活动的重要构念（Luthans，1997）。

而创业自我效能（Entrepreneurial Self-Efficacy，ESE）作为一个独立构念的提出应追溯到Roters大学Chao C. Chen等在1998年的研究，其成果是开发出5点李克特式"创业自我效能量表"，其中包括五类项目维度：营销（如设置营销目标并拓展业务）、创新（如新企业与新想法）、管理决策（如在风险条件下作出决策）、风险管理（如减少风险和不确定性）和财务控制（如开发财务系统，进行预算控制），通过该量表能够有效区分创业者和非创业管理者，此项研究得到了众多学者如Baum & Locke、Markman & Baron的一致肯定。在Chen等（1998）研究的基础上，De Noble（1999）等学者对ESE模型进行了拓展，加入了创业者在创业时的一组核心创业技能变量，确定了6个创业技能维度，包括：发展新产品或市场机会、营造创新环境、与投资者建立人际网络、明确核心目标（Purposes）、打造核心团队及资源获取。该ESE量表6个分量表的内部一致性α系数为0.74~0.94，基于此量表展开的实证研究发现ESE（6个维度）与创业动机和实际的创业准备情况显著正相关。创业自我效能与创业生命周期内任务、角色的关系如图2-1所示。

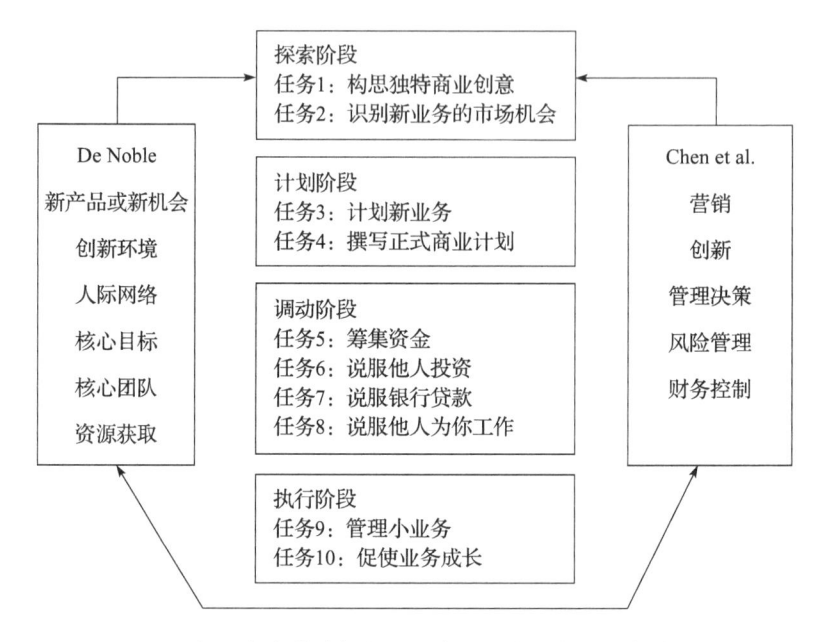

```
┌─────────────┐    ┌──────────────────────┐    ┌─────────────┐
│             │    │ 探索阶段              │    │             │
│             │───→│ 任务1：构思独特商业   │←───│             │
│             │    │       创意            │    │             │
│             │    │ 任务2：识别新业务的   │    │             │
│  De Noble   │    │       市场机会        │    │ Chen et al. │
│ 新产品或新机会│    ├──────────────────────┤    │   营销      │
│             │    │ 计划阶段              │    │   创新      │
│  创新环境   │    │ 任务3：计划新业务     │    │  管理决策   │
│  人际网络   │    │ 任务4：撰写正式商业   │    │  风险管理   │
│  核心目标   │    │       计划            │    │  财务控制   │
│  核心团队   │    ├──────────────────────┤    │             │
│  资源获取   │    │ 调动阶段              │    │             │
│             │    │ 任务5：筹集资金       │    │             │
│             │    │ 任务6：说服他人投资   │    │             │
│             │    │ 任务7：说服银行贷款   │    │             │
│             │←───│ 任务8：说服他人为你   │    │             │
│             │    │       工作            │    │             │
│             │    ├──────────────────────┤    │             │
│             │    │ 执行阶段              │    │             │
│             │    │ 任务9：管理小业务     │    │             │
│             │    │ 任务10：促使业务成长  │    │             │
└─────────────┘    └──────────────────────┘    └─────────────┘
```

图 2-1　创业自我效能与创业生命周期内任务、角色的关系

来源：K Jill, S D Robert. Measure for Measure：Modeling Entrepreneurial Self-Efficacy onto Instrumental Tasks Within the New Venture Creation Process [J]. New England Journal of Entrepreneurship, 2005, 8（2）：39-47.

还有学者以研究创业自我效能、创业技能和任务胜任力与创业意向之间的关系为主题，通过对以上学者提出的两种 ESE 测量方法进行验证和对比，得出了不一致的测量结果（Jill，2005）。具有高自我效能水平的个体倾向设定更高的目标，并能持之以恒地去面对创业挑战和克服困难，这一点在创业初期阶段表现得尤为明显。Illinois 大学教授 Hao Zhao 等（2005）对创业自我效能的进一步研究证明了 ESE 可以作为正规学习、创业经验、风险倾向、性别四个因素与创业意向之间的中介变量。之后又有学者指出决策过程对创业自我效能水平产生积极影响，接下来进行的探索性研究验证了创业自我效能与企业绩效显著正相关（Forbes，2005）。除此之外，还有学者对东欧、中亚等处于经济转型期的国家的创业自我效能进行了实证研究，得到了与在西方国家情境下的研究一致的结论（Drnovsek & Glas，2002；Luthans & Labrayeva，2006）。总而言之，社会认知理论和实证研究证明了这样一个观点：创业是否取得成功在很大程度上受到了创业者个体自我效能水平差异的影响（Markman & Baron，2003）。这为本书从自我效能的视角研究创业动机提供了新的视角和理论支持，正是基于此，将创业自我效能与角色认同相结合，本研究从社会认知的视角研究创业动机。但是已有的研究针对创业自我效能对创业行为的影响机制少有研究，这一不足限制了我们对创业自我效能与创业决策行为的完整理解。

创业决策指的是个人做出的创建和管理自己的事业的决定，这是一个受到一系列因素影响的复杂过程。这些决定因素被分为情境因素和个人因素两类。之前的研究既关注如工作环境（Shapero & Sokol，1982）、先前工作经验（Mokry 1988），又关注如成就需要、权力需求等（Brockhaus，1980）个人特质性因素。后来对创业决策的研究视角转变为将个体视为意向性的决策制定者和执行者，既考虑到情境因素又考虑到个体的理性收益（Krueger & Brazeal，1994）。在这类意向模型中的一个关键要素则是创业自我效能（ESE）。

创业自我效能指的是个体对于自己能够成功扮演创业者角色或完成创业活动的信心强度（Boyd and Vozikis，1994；Scherer et al.，1989）。与之前对职业生涯自我效能的研究结果相一致，Boyd和Vozikis（1994）提出创业自我效能是"决定创业意向大小和这些意向最终转化成创业行动的可能性的一个重要的解释变量"。Krueger和Brazeal选择"自我效能"变量放入创业意向模型，并假设创业自我效能是成为潜在创业者的关键驱动因素。Scherer等人（1989）通过实证分析验证了家长角色模型如何影响学生的创业自我效能，而学生的创业自我效能则被当作创业职业偏好的测量指标。

根据以上研究，基于各种原因创业决策将受到创业自我效能的影响。首先，相同的创业环境可能被具有不同创业自我效能水平的个体给予不同的看待，具有高自我效能的个体可能更易看到机会，而具有低自我低效能的个体更易被成本和风险吓到。其次，即使人们面对相同的充满不确定性、风险和困难的现实环境，那些具有高自我效能的个体也要比自我效能水平较低的个体更有竞争力。最后，与创业自我效能水平低的个体相比，具有高创业自我效能水平的个体会期待完全不同的结果。Brockhaus（1980）发现，创业者对自身能力具有很强的信心，从而推动其创业目标的实现，同时他们认为失败的可能性也非常低。具有高创业自我效能的人们更习惯于将极具挑战性的条件与回报相联系，如利润、社会认可和心理满足感（Hisrich & Brush，1986）。然而，创业自我效能水平低的个体更容易萌生失败的画面，如破产、丢脸或心理上的沮丧。因此，那些认为自己能成功扮演创业者角色、胜任创业工作的个体，更有可能加入创业大军中来。综合以上研究，我们不难发现，创业自我效能对于创业者产生创业决策行为具有一定的预测力，创业自我效能对创业者能坚决并持续地进行创业行为产生一定程度的影响，这也是本研究所遵循的理论逻辑。

2.2 角色认同及其相关理论研究

众多学者把研究目标放在探讨人格特质因素对于创业决策行为和结果的影响上，但尚未取得一致性的结论，因此其至今仍无定论（Baron，1998）。后续研究者将焦点转向社会学领域的认知理论，集中探讨创业者的个人信息及认知差异会对创业行为产生的影响。认知心理学可以为创业研究提供较为丰富的理论基础，使研究者能够更深层次地分析创业者与创业团队发掘机会、产生创业行为的心路历程（Krueger，2003）。在自然环境下，人们对问题与情境的判断，通常会反映出他们自身所界定的角色认同（Role Identity）。在这一套角色认同中，背后可能隐含着一大串的规范、价值观与角色。例如，在企业内部举办的运动会中参与球类比赛，必须判断这是一场"人人追求胜利的公平竞赛"，还是一场"联络同事间感情的友谊赛"；而后，再加上自身角色的判断——扮演公平竞争者的角色，还是扮演部属的角色，这两种截然不同的情境判断与身份认同，可能就会影响后来所有的决策与行为的表现（Messick，1999）。因此，在个体层面的决策行为，其实相对容易观察到认同对决策的影响力。在管理学中大量的文献中以社会学为视角研究了关于个体角色认同与行为之间的关系问题，主要的理论发展路径为社会认知理论、符号互动论及角色认同理论对个体决策行为的影响。

2.2.1 社会认知理论

20世纪70年代，美国著名的心理学家Albert Bandura（1977）提出社会认知理论（Social Congnitive Theory），它成为广被接受并经过实证验证的关于个人行为模式的理论（Compeau & Higgins，1995），该理论认为个人行为不仅受到自身认知及态度等内在因素的影响，也可能受到个人所处环境、氛围及资源等外在因素复杂的交互影响。因此，社会认知理论能更加准确地解释动态环境中的各种行为，并能被广泛地运用于各个领域上（吴文雄，2002）。

社会认知的观点（Endler & Magnusson，1976；Bandura，1977）认为，行为是经由个人与环境交互作用所产生，而非由单一层面来决定，个人的行为受到不同的情境影响，同时个人的行为也会影响到周遭环境。

根据社会认知理论，人既不是由内部力量驱动，也不是被外部刺激塑造和控制，个人的行为受到不同情境的影响（游皓玮，2005），个人的行为也会影响到周遭的环境与本身的情绪和特质，故环境的影响（如社会压力、整体社会环境）、个体认知与个人因素（如个人动机、个人态度），以及行为三者之间会相互影响。

Bhattacherjee（2000）与 Hung，Ku 与 Chang（2003）都提出个人行为的影响因素不只来自亲人及同僚，也来自与个人接触较为密切的人际关系及其生活环境。换言之，依据社会认知理论，环境因素、个体认知与个人因素及行为是交互影响的，此即 Bandura 所谓的三角互动。由此可知，社会认知论强调"个体—环境—行为"之间互动对行为影响的重要性（蔡绣荣，2000）。

在此交互作用中，个体是指人的认知能力、态度及信念；行为是个体的行为表现与结果；而其他将受环境与社会等影响。不论在组织内还是劳动过程中，个人会拥有自己的生涯规划或发展目标，当个人从事活动或进行某种行为时，相信能得到令人满意的结果，如报酬、地位和人际关系等；同时，也会逃避令人感到不愉快的结果，如烦恼和不佳的人际关系等（Miller & Brickman，2004）。此外，个人在面对任务时常常需要他人所提供的知识、技术与资源，并与他人共同合作完成目标（Bandura，2002）。

基于上述相关观点，个人的性质是依据若干个基本能力所界定的，下面简要说明社会认知理论所涵盖的五种基本能力（Bandura，1986；王小明、林颖、胡谊、庞雍国等译，2001）。①使用符号的能力：符号涉及人类生活的每一个方面，应用符号这种显著的能力为人类提供了改变与适应环境的有力手段，并且借助符号以意义、形式和连续性累积经验。②深谋远虑的能力：人类并不是简单地对直接环境进行反应，也不是受过去经验的驱使，人类多数的行为是有目的且经过深谋远虑的，将来可能以多种形式表现出来，在预测其未来行为的可能结果时，人类会自定目标或对未来方向做规划。③替代能力：心理学认为一般只有做出反应并体验到其后果，学习才会出现。实际上，来自直接经验的学习现象均能通过观察他人的行为及其结果替代发生，这将使个人获得成长及调节其行为，不必经过冗长的尝试和错误的形成而习得。④自我调节能力：社会认知理论将自我调节功能置于中心地位，个体的大多数行为是由内部标准发动与调节的，并对自己的行为作出评价性的反应。⑤自我反思的能力：个人能够分析自身的经验与思考自己的思维过程，通过反思性的自我意识能力，归纳出有关自身和周遭世界的一般知识，其不仅能因反思获得理解，而且能借助自我反思的方法证实自己的思想，并依此预测行为出现的可能性。即个体一方面进行认知反省活动，促进实际执行的能力；另一方面通过相互因果关系，修正其错误思想方式。

后来 Bandura 又于 1988 年针对社会认知理论提出更进一步的观点，认为社会认知理论最适合用以解释动态环境中个人的行为，并将认知、自律行为及自省的程序当成是因果模式的主要架构。这进一步说明该理论认为人们通过符号、预知、行为模仿、自律与自我反应五种基本能力的运作，来驱使、调节及维持其行为（吴文雄，2002）。

社会认知理论包含许多概念，如过去的经验、自我效能等。许多研究证实，这些方面对个人的行为及其绩效有显著的影响。研究认为如果个人知识的获得与技能的养成只依靠直接实验的方式，其学习和发展的速度将会相当缓慢，而且此过程是乏味、耗费成本且危险的。事实上，个人是可以通过观察他人的行为与其结果间的关系来达到学习的效果的（Bandura，1986）。总之，人本身拥有极大的潜能，可被各种直接及替代性的经验塑造，进而累积一定的知识，个人通过经验学习整合自我的行为模式，然后运用认知方式预期自己可能的行为后果，来调节并控制个人行为。

Bandura 认为，个人可以通过某种方式来影响环境，而且改变后的环境也会进而影响个人后续的行为；同时强调个人的行为不仅依靠个人内在的动力，还受环境、个人及行为三项因素交互作用的影响。在此过程中，环境对行为的影响大多会牵涉各种内在的个人因素，同时这些个人因素也对环境与行为产生作用。因此，学习会受到个人对环境的知觉所影响，而个人过去的经验对其现在与未来的思考方式也产生影响，从而共同形成对个体行为整体的了解。

Luthans（1980）将社会认知理论视为一个综合解释个人行为的架构，可包括四个要点：①人会影响行为；②环境会影响行为；③人与环境将共同影响行为；④行为是社会认知作用的后果（彭虹绫，2006）。个人认知、环境与行为会由此模式发展，以培养个人具有某种能力、使个人可以完成任务，且增强个人的动机（柯志昌，2005）。环境因素作为社会认知理论的要素之一，通过环境变化的推力而反映于行为意向的转换，更涉及人与人之间的联系（陈美伶，2004）；Hergenhahn 和 Olson（2001）提出 Bandura 认知理论认为思考的过程对人的动机、情感和行为产生具有极大影响力，这是其理论的一大贡献，同时其理论受欢迎的部分原因还在于它承认了人的独特性。

在建构个人行为与社会间关系时，人们会通过各种资料来评估若做出此行为可能带来的结果，以此作为是否要采取此行为的考量（侯崇文，2000）；此观点与 Bandura（1988）所持有的看法相同。

Compeau，Higgins 和 Huff（1999）于研究过程中发现，在社会认知理论中的自我效能与结果预期有显著相关性；Malone（2001）通过此理论发现，个人的效能将会影响个人行为，且自我思考和掌握过去经验等因素越佳者，将越能增进个人在工作效能上的提升；张丽敏（2003）研究发现，社会认知理论可以用来探讨外在因素如何通过自我效能及结果期待等来影响行为；陈美伶（2004）运用社会认知理论探讨大学教师参与产学合作行为的影响，结果显示教师自我效能感越高，越能提升其对于产学合作的目标认同与持续参与行为。

作为探讨个人受环境影响及其行为反应的主要理论基础，表2-5与表2-6分别为国内、国外有关社会认知理论近年的相关议题整理。

表 2-5　国内社会认知理论相关议题整理表

研究者	年份	文献
吴文雄	2002	整合社会认知理论与目标设定理论，验证电脑技能学习者过去的绩效、目标认同、电脑自我效能与电脑绩效间的因果关系
吴朝森	2003	整合社会交换理论与社会认知理论，探讨团队成员的知识分享
田秀兰	2003	社会认知生涯理论的兴趣模式验证研究
陈美伶	2004	用社会认知理论探讨教师参与产学合作行为的研究
林育如	2004	台湾大学生自发性特质推论的探讨
肖金钗	2004	中国台湾地区高中职学生电脑自我效能量表发展与实证研究
张志宏	2005	台湾南部大学生嚼槟榔行为的社会认知因素探讨
彭虹绫	2006	科技中介合作学习——社会认知观点之初探
林家弘	2006	以社会认知理论检视线上公民行为

资料来源：本研究整理。

表 2-6　国外社会认知理论相关议题整理表

研究者	年份	文献
Blaisdell S. L.	2000	以社会认知理论探讨中学生就读工程专业课程之预测
Bandura A.	2001	社会认知理论：以一个代理人的远景为例
Andersen S.M.	2002	运用社会认知理论探讨自我与人际关系之相关性
Billek S.B.	2004	运用社会认知理论探讨老年人重新接受教育之研究
Martin J.	2004	自我调节、代理性与社会认知理论对学习之研究
Netz Y. & Raviv S.	2004	年龄在体能活动对动机导向之差别：应用社会认知理论
Murn J. & Sharma M. & Lin D.	2007	运用社会认知理论预测童年肥胖症预防行为：以中国的孩童为例

资料来源：本研究整理。

由以上文献议题可以发现，社会认知理论作为探讨个人受环境影响及其行为反应的主要理论基础，已经被广泛应用于医疗、决策管理、人力资源、教育及电脑技能等领域。在教育领域方面，大多数研究以高中职及大学生为研究对象，而以创业者为主要研究对象的甚少。

2.2.2 符号互动论

认同理论以自我和社会之间的交互关系为基础来解释不同个体所表现的社会行为，它传承了美国微观社会学中的"符号互动论（Symbolic Interactionism）"的理论脉络。从理论渊源上讲，符号互动论最早起源于德国的历史主义观点，但正如柯林斯（1973）所述，"虽然受德国传统的影响，但美国微观互动主义所取得的成就仍然远远超出单纯的模仿"。

在符号互动论的发展历程中，美国早期社会学家米德和库利（Mead & Cooley）的贡献尤为突出。在米德和库利之前，美国机能派心理学家威廉·詹姆士（William James）提出了关于自我（Self）的概念，它是人类将自身作为客体看待的一种能力，在梳理人对世界的反应方式的过程中发挥着非常重要的作用。沿着James的理论思路，Cooley（1927）进一步提出自我是在个体同他人的互动或交往中产生的。正是由于个体在交往过程中相互作用，理解、明白对方的意图和态度，并且根据他人对自己的看法来认识自我，由此得出一个人的自我知觉或自我认同即是他在与人交往的过程中所意识到的他人对自己的看法的反映。每个他人都成为自我的一面镜子，而每一种社会关系亦都是对自我的一种反映，进而，由这些反映构成了自我认同。从某种意义上讲，Cooley的"镜中我"（The Looking Glass Self）概念，已经描绘出了自我认同概念的核心。

继Cooley之后，芝加哥社会学派的代表乔治·米德进一步推动了符号互动论的发展。米德（1992）认为，精神和自我在独立的个体组成社会的进程中发挥了不可磨灭的作用:"精神"这个概念来自杜威,它是人类运用符号来识别环境中(包括自我在内)的客体的能力,是通过理解常规姿势并运用它去扮演他人角色的能力(Taking the Role of the Other);然而"自我"的概念则由两部分构成,分别是作为主体的自我"I"和作为客体的自我"me",而这两部分也是在和他人的互动过程中形成的。具体来讲,自我的形成过程经历了三个阶段:玩耍阶段、游戏阶段和"概化他人"(Generalized Others)阶段,其中"概化他人"是指能够为个体提供自我的统一性的有组织的社区或社会群体。角色的扮演始终贯穿这三个阶段,但也有所不同,在第一阶段——玩耍阶段仅仅扮演他人这一单一角色,在第二阶段——游戏阶段可以同时扮演多重角色,然而在最后的"概化他人"阶段则能扮演经过社会"概化"的不同的角色类型。

通过对现有文献的梳理,本研究将在符号互动论的发展过程中的主要代表人物及其观点总结如下。

2.2.2.1 米德(思想起源)

实用主义哲学家乔治·米德所创的符号互动论,以微观视角探讨人类在社会和团体互动过程中如何形成自我和心灵的特质。在此过程中,个体的自我通过互动而不断发生变化。人的心灵则运用符号来界定环境中的他人,从而指导自己选择和采取适当的行动。米德强调"观点"包括概念架构、命题、价值观及理想,这些都会影响认知或知觉,认知会影响个人在社会情境中的行为。"观点"通过个体与重要他人及参考团体的互动而产生。

米德认为,社会心理学研究的是社会过程中的个人行为和活动,个人行为是整个社会团体行为和活动的一部分。要理解个人行为,必须先了解团体行为。米德将社会视为动态的,团体通过持续的沟通、互动形成社会实体。而自我是个人和团体二者之间的结晶,也是社会互动的主要媒介,所以个人的姿态、语言、文字都直接或间接地影响着社会结构。

米德主张人的意识与自我是经由儿童时期学习他人的角色，以及想象他人对自己的评价而逐渐发展出来的，他将其分为三个阶段，即：预备阶段——婴儿模仿他人的行为是此阶段的主要特征；嬉戏阶段——儿童开始了解别人对他的评价，也开始发展自我意识与心灵，这个阶段对个人人格发展具有重要的影响；团体游戏阶段——儿童逐渐能了解自己的角色，也了解他人的角色，并认为自己是社会团体的一分子。

2.2.2.2 布鲁默（理论体系的建立）

布鲁默是符号互动论的关键人物，在其著作《人与社会》（Man and Society）一书中首次提出"符号互动"这一术语。布鲁默对于符号互动论列出了三项前提：①人类将事物赋予意义，并在此基础上采取行动；②这种意义是在社会互动中产生的；③在处理"符号"的过程中，人们逐渐修正并掌握该符号的意义。布鲁默的符号互动论旨在构建一个与传统社会学理论不同的主观解释理论，他强调社会互动是不断变迁与修正的过程，这一过程是自觉且主观的，重点应放在体验性的理解而非科学客观的验证之上。布鲁默的观点反驳了行为主义理论中的刺激—反应模式，指出个人如何定义和解释情境，才是决定其行为的主要影响因素。在互动过程中，人类的反应并非完全依赖彼此的行动，而是基于对这些行动所赋予意义的了解。

从米德到布鲁默，符号互动论的主要观点如下。

（1）符号互动论的基本研究单位是互动中的个人，而非个人内在的人格结构或社会结构。其重点在于互动的性质和过程，认为社会是由一群处于互动中的个人所构成的。由于个人之间的互动、修改和调整是持续不断的，因此社会也处于不断的变迁之中。

（2）动物对外界的刺激通常是本能反应，而人类面对刺激时，会先进行了解和分析，然后再做出反应。在互动过程中，个人总是先对对方的行动进行解读，并在此基础上做出反应，因此，解释、分析和反应构成了人类互动的核心环节。

（3）观点和互动是人类行为的两个重要变量。个人对外界刺激所持的观点不止一种：个人的观点在某一情境中，可能是某一形态；但在另一情境中，可能呈现出另一种形态。

（4）观点作为个人反应的指导原则，是动态变化的。个人在互动过程中不仅要关注自己的观点，还要关注他人的观点，并不断地修正、补充和重新解释自己的观点以适应当时情境的需求。

（5）符号互动论者指出观点和态度是不同的。态度通常是指个人对外在客体的主观感受，具有私人性；观点则是受社会团体影响的看法，是个人在社会认同过程中形成的特征。人们对某一客体的看法和反应往往不是基于个人的态度，而是受到团体观点的影响。

（6）个人通过参考团体的规范和社会公认的标准来学习并接受社会的观点。因此，团体的观点往往成为个人观点的基础。起初，个人的态度可能与团体的观点存在差异，但当个人知道团体的观点后，就会逐渐调整自己的态度，以符合团体的观点。

（7）个人在社会中通过互动、沟通来发展共识、分享观点。在这一过程中，个人并非被动地接受社会的塑造，而是主动地参与社会的发展和变革。

2.2.2.3 高夫曼（理论运用）

高夫曼以剧场理论来看待人际互动的过程。他认为角色是特定环境中的社会期待，即该角色的演出剧本。他提出"前台"和"后台"的概念，前台代表符合特定情境的规范要求，是表演给他人看的；而后台行为则是不为外人所见的。人们在前台会极力保护自己的自我概念、维持自我形象；在后台则较放松，不那么注重形象。他提出了以下几个概念。

（1）前台（Front Stage）：对那些观赏表演的人而言，可界定为情境的行动者演出的一部分。

（2）布景（Setting）：指各角色演出时必要的实质背景。

（3）个人门面（Personal Front）：由若干的表达元素构成。这些元素使得观众能够辨认并期待演出者融入特定的布景中。而个人门面区分为外表和行为举止，"外表"可告诉我们有关演出者的社会身份地位；"行为举止"则告诉观众演出者希望在情境中扮演的角色种类。一般来说，我们希望外表和行为举止是一致的。

（4）后台（Back Stage）：所有在前台隐藏的事实，或是各种非正式的行为举止，皆可能在此出现。

高夫曼以一种戏剧的概念性词语来描述人们日常的行动，他认为人们在日常行动中，大多是装给别人看的。人们在努力遵照社会规范的同时，心理上又想脱离社会规范。人的日常行为都是戏剧理论下，前台与后台行为交错的情形。

2.2.3 角色认同理论

Cooley 和 Mead（1992）认为，社会是通过影响自我认知来影响人们的社会行为的，而其中的核心机制就是"扮演他人角色"，这些观点构成了符号互动论的基础。角色认同理论则在此基础上得到了进一步的发展，并从两个方面汲取了符号互动论的思想：首先，它并不认为自我是一种自动的心理单元，而是来源于人们在社会所扮演的各种角色而形成的多重社会建构；其次，在社会生活中所承担的角色的差异决定了人们对自我概念认知的不同。在此基础上，Stryker（2000）提出，与我们在社会生活中所具有的每一种角色位置相对应的每一个个体都具有迥然不同的自我成分，也就是所谓的角色认同。例如，一个人对自我的角色认同可能包括父亲、丈夫、儿子、教授，甚至是一名自由主义者等多种角色身份；换言之，角色认同的多维性正是因为人们在社会生活中扮演的角色已经构成了一个角色丛。

不管你是信奉何种宗教、属于何种民族、具有几个国籍，或多或少都会同意下面这样一段话："每一个人存在的主要动机之一，是去发掘和建立自己独特的角色。对每个人来说，一生最重要的事情就是追求自我。如何为自我选择在世上的生活方式，涉及价值观的取舍，以及确认毕生的安身立命之所：角色。"同样，Ackerman（2000）在 *Identity is Destiny* 这本书中，利用一句话来贯穿他整本书的论述：I am alive, I am unique, and I am immutable, even as I grow and evolve. To truly live, however, I must express myself fully, and in this regard, have much to give... 在这句话中，他衍生出"认同"的八项原则，其中第一条和第二条为"存在（Being）"和"独立个体（Individuality）"，可见，确认自己的存在及自己与他人的异同，不仅是哲学议题，也是管理领域中连接个体与组织、核心价值观与策略、领导与文化等关键议题的重要桥梁（Ackerman，2000）。

2.2.3.1 个人层次的自我认同

"我是谁？"这样的问题在 Erikson（1968）所提出的生命发展阶段模式中是个相当重要的概念，而"自我（Self）"或"自我认同（Self-Identity）"，在人们的日常生活中同样扮演着至关重要的角色，人们需要了解自己跟他人有何不同的地方，又有何相同的地方。角色的认定不仅帮助人们满足环境需求，还解决了许多人际关系中的难题。从个人层面来看，个体的自我认同（Identity）影响着他们看待与诠释环境的信息。换个视角，人们行为的主要驱动力在于探索、构建并调整自己独特的角色定位。

"我拥有什么？"除了回答"存在"的问题，并且建立个人的独特性之外，"拥有（To have）"也是人类存在的重要意义之一。拥有的知觉与家庭、财产及重要他人要素一样，紧密关联着个人层面的自我概念。事实上,"拥有"的知觉在塑造个人认同方面扮演了相当重要的角色(Belk,1988;Dittmar,1992),个体对实体、非实体对象的拥有权感知,对其情绪、行为及心理层面均产生深远影响。

"我做了什么?"自我知觉论(Self-Perception Theory,Bem,1972)认为,一个人的自我界定(Self-Definitions)是通过个体仔细思考其过去相关角色认同的行为抉择,这样的观点跟符号互动论的观点其实是一致的,自我界定的内容是从微观结构中的社会性接触与沟通而来,而非从宏观的社会结构中产生(Rosenberg,1981;Solomon,1983)。在某一行为领域中,个体的行为与心力投入越多,其在此领域的角色身份便越发重要与显著。此外,社会性承诺及个人的人际网络,也是影响认同形成的重要前提条件。因此,"存在""拥有"及"符号互动"等概念可以将个人层面的自我认同概念,以图2-2的三要素论述来表示。

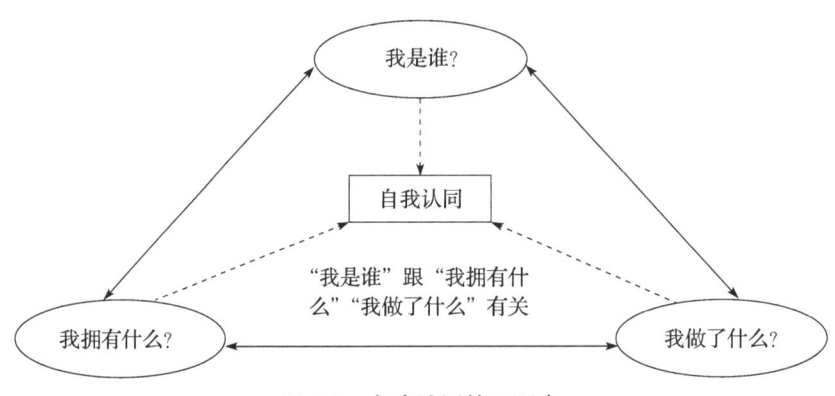

图2-2 自我认同的三要素

2.2.3.2 群体层次的社会性认同

"角色"或"认同"的概念不仅被心理学家、社会学家,甚至组织行为学家视为一个相当关键且根本性的议题(Tajfel & Turner,1979;Albert,Ashforth & Dutton,2000),而且它触及一个对人们来说相当根本的问题——"我们是谁?"。这个概念被用在组织理论中,在组织行为学家

Albert 与 Whetten 于 1985 年提出来"组织认同"（Organizational Identity）之后，其逐渐被广为讨论与分析。

组织中个体的动机与组织本身的行动能力是建立在组织如何意识到自身的存在之上的（Wheatley & Kellner-Rogers，1996）。当有一群人依据共同的想法、信念而将团体组织在一起，并且因此提高完成事情的概率时，"组织"便开始发生；而当组织成员意识到自己或者团体是组织的一部分时，这种自我的认同便产生。在确立了组织的认同之后，组织后续的功能与作为便发生了。这是因为以认同为根基产生的一种释意过程（Sensemaking Processes）能够决定组织生成的目标及使用的系统（林家五，1999）。基本上，就像个体一样，组织也需要明确自己的身份，并基于这种自我认知来解读事件与资料，组织不仅要了解这个世界，更要以它所关注的信息和意义为基础来构建这个世界。因此，组织对自我的认同（即组织认为自己是谁）将会决定组织如何理解和处理每一件事。

这种个体自我概念的认同，基本上是对于参考团体意见与经验的内化与认可。将个体的自我认同概念扩张来谈，则可以说是对于组织的价值与特性的内化与认可（Ashforth & Mael，1989）。因此，如果将组织当成一种生命体，组织成员要产生共享的目标与价值观，也同样必须满足对组织产生认同这一基本条件。而"组织认同"的内涵则包括对组织所揭示的"愿景""使命"及"价值观"的认同。从更深一层来看，组织对于历史的解释、当下的决策与行为、对于未来的规划等也都算是组织认同的一部分。

认同概念在群体层次上的讨论，一般来说分成两大主流，一个是以团体为主体的社会认同模型（Social Identity model of Deindividuation Effects，SIDE）（Lea & Spears，1991；Postmes，Spears & Lea，1998；Spears & Lea，1994；Spear，Lea & Lee，1990；Walther，1997），一个是从"组织承诺"等概念演化而来并逐渐受到重视的"组织认同"。但两者其实都是

应用了"社会性认同"与"自我归类"理论。差异之处在于，SIDE 理论讨论的是身处团体中的个体如果产生匿名性的知觉，容易出现高度服从团队规范及在团体决策过程中出现极化（Polarization）的现象。至于"组织认同"的概念，则以组织认知的观点出发，讨论当组织成员形成共有的认知识别符号后，对于个体行为的影响。

其实，"组织认同"这一概念是在 20 世纪 90 年代才开始受到组织研究学者的重视的（Dutton and Dukerich，1991；Fiol，1991；Fiol and Huff，1992；Reger，Gustafson，DeMarie and Mullane，1994；Dutton，Dukerich and Harquail，1994）。此后，尽管有新的研究涌现，但大部分研究对于组织认同的定义依然遵循 Albert 和 Whetten（1985）提出的定义，即组织认同是组织成员认为组织所具有的关键性的、独特的、持久的特质。

Tajfel（1978）的社会性认同理论（Social Identity Theory）强调，人们可以通过社会化比较或自我归类来形成各种社会认同的类别。也就是说，个体基于与他人的差异或相似性，将自己定位为某一类别或团体的成员，从而拥有此类成员的社会性认同。这些团体之间会就资源与权力进行竞争，那些拥有较多资源与权力的团体为了保持其地位，会努力制定其价值与意识形态系统。在无法改变价值系统的情况下，一个弱势的个体只能依据自己的主观信念，选择可以获得正向认同的途径，这使得不同类别之间的界限变得容易渗透。当这种不同社会性类别之间的可渗透性增高时，社会的改变将会加速进行。尽管组织心理学家对社会性认同理论相当熟悉，但尚未深入探讨通过自我分类理论来解析社会分类和去个人化现象，以及这些现象对社会性认同的影响。Hogg 和 Terry（2000）详细描述了自我分类理论如何与社会性认同理论建立联系。社会性认同理论认为，人们会采用认知战略来保持对其认同社会身份的正面知觉。Turner（1987）从自我归类理论的视角指出，人们会将一些优秀的、正面的代表人物纳入自己所归属的认同类别中，以保持对自己认同身份的正面知觉。此外，社会性认同理论还提到另一种认知战略，即人们会强化他们与较差群体之间的差异，而强调他们与更好群体之间的相似性。

Rousseau（1998）认为，组织认同是组织层级的认知概念，用来阐明关于"自我"（Self）的相关内涵，它存在两种形态："情境式认同"（Situated Identification）和"深层结构的认同"（Deep Structure Identification）。前者依据情境提供的信息，判断与自我或所属团体的利益与目标；后者则是更广泛的界定，包含各种阶段、不同的角色、情境与行为的界定。在组织认同的研究中，有学者主张组织成员应形成单一、共通且稳定的认同（Pfeffer，1981；Albert & Whetten，1985），但后续研究对此进行了修正。Dutton 和 Dukerich（1991）最初认为组织成员的自我认同与组织认同之间高度相关，但领导者的自我认同影响更为深远。后来，又有学者认为，组织的角色认同不仅受组织领导者影响，还受重要利益相关者影响，并会随着环境变化而调整（Scott & Lane，2000）。Hatch 和 Schultz（2000）从 6 个维度将群体层次的社会性认同从过去到目前的变迁做了一个简单的对照，如表 2-7 所示。

表 2-7 社会性认同相关观点的变迁

维度	早期	后期
外部或内部	认同是组织成员特有的权利	认同兼从内部与外部形成
他人或自我	认同是自我的投射	无法区分他人对我们，或我们对自己的知觉
多元或单一	单一组织认同	组织具有多元认同
脉络的或原本的	认同是关于"我们是谁"的故事	必须从相关文化脉络来理解
内隐的或外显的	认同是一种外显的符号	对外显的认同有内隐的理解
衍生的或工具的	工具的	衍生性的

认同理论强调，角色认同是指人们的自我知觉和自我界定，这种认同源自对所占据的结构性角色位置的认知，并进而指导人们的行为；认同是将社会结构和个人行动相连接的关键构念。所以，对自我和社会结构之间关系的分析将有助于预测个体的行为。社会心理学家蒂博特和凯利（1959）曾论证过角色和行动之间的内在联系，并得出结论：角色既是在社会环境中存在的对个体行为的期望系统，也是拥有一定地位的个体对自身的期望系统；更是占有一定地位的个体表现出来的可观察到的行为集合。肖和康斯坦佐（1977）认为，角色这一构念进入社会科学领域是基于其舞台原意，且其概念本身的内涵未发生改变，它描述的就是个体在特定社会背景下所表现出来的行为特征。Stryker（2000）在《符号互动论：一种社会结构观点》一书中提出：一方面社会为人们所扮演的各种角色提供了认同和自我的基础；另一方面自我"也是社会行为的积极创造者"，所以根据自我界定，角色认同本身就隐含了行动。同时依据伯克的观点（1991），认同具有自我调节平衡的作用，它通过降低不协调的机制来修正个体的行为，从而达到他人的反馈与个体内在的认同标准一致的目的。接下来，学者们通过运用认同突显（Identities Salience）和承诺（Commitment）两个构念来剖析认同对社会行为的影响。认同突显指的是，自我认同是一个复杂的层次体系，而较高层次的认同与行为之间的关系更加紧密；所以，即使是具有相同的角色认同的个体，也会因为认同突显方面的差异而在特定环境中有迥异的行为表现。而"承诺"是对认同突显的补充说明，学者们认为，对某种特定认同的突显程度来源于个体对与该认同相对应的角色的承诺程度。Stryker（2000）通过对承诺的分类来说明认同与个人的角色和社会网络（Social Network）之间的关系，故将其分为互动承诺和情感承诺，前者是承诺广度的标志，反映与特定认同相联结的角色的数量；后者代表了承诺的强度，揭示了与认同相联系的角色的重要性程度。

总而言之，认同理论将符号互动论所倡导的自我概念进一步深化，并将社会视为"充分分解的但依然有组织有规律的整体系统"。基于这种社会观，认同理论形成了与自己观点一致的中心命题：自我的本质是对社会的一种反映，应将其视为一种多重维度构成的有组织、有结构的体系。

2.3 创业行为理论研究回顾

2.3.1 创业导向研究

创业研究已经开始探索外界环境如何对创业导向产生影响。创业导向概念反映了个体将创业视为人生目标的意愿和偏好程度。Gartner 和 Katz（1988）将创业导向定义为"搜寻可以帮助实现创业目标的相关信息的过程"。创业导向是潜在创业者对选择是否从事创业活动的一种主观态度，反映了人们具备的类似创业者特质的程度。同时，它也是人们对创业态度、能力的一般认知描述。它是最好的创业行为预测指标之一（范巍，王重鸣，2006）。

Woo、Daellenbach 和 Nicholls-Nixon（1994）认为创业导向代表着创业者对环境主观知觉所产生的一系列决策与活动。Bourgeois（1980）提到创业导向则是着重于如何去做，是"如何（How）"的层面，讲求的是管理者创业的方法、实务、决策活动等。Lumpkin 和 Dess（1996）针对创业导向与创新精神进行区分，强调创业精神指的是内涵、创业导向则强调如何做，是一种过程；同时认为创业导向的概念是在说明导入新进入行为所引起的程序、实务与决策活动，它指的也是一种公司的策略导向，展现公司在决策形态、方法及实务上的创业风格。因此，它并非在描述那是一个如何的公司，而是着重于那个公司是如何运作的；且创业导向将有助于刺激企业的创业精神（Lumpkin，Dess & McFairlin，2005）。

Stein（2004）试图挖掘年轻人创业导向的决定因素，通过对挪威和印度尼西亚学生创业导向的调查研究，提出研究模型，如图2-3所示。

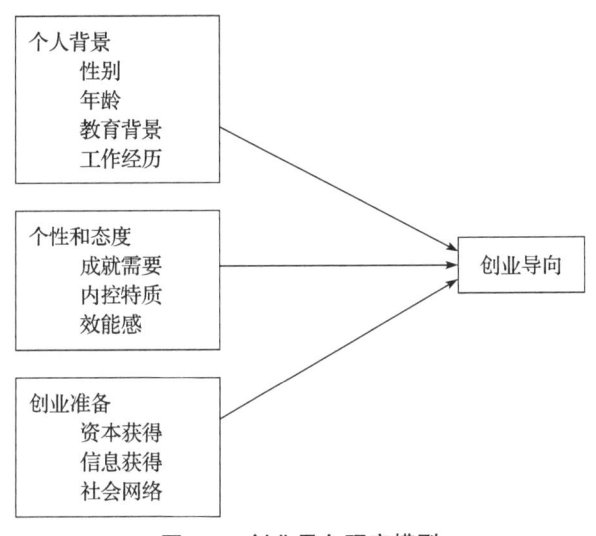

图2-3 创业导向研究模型

来源：Stein K. Entrepreneurial Orientation Among Indoniesian and Norwegian Students [J]. Journal of Enterprising Culture, 2004, 12（1）: 55-78.

Stevenson 和 Jarillo（1990）与 Timmons（1999）认为，创业导向是创造、掌握及追求机会的过程，而且在这个过程中并不会考虑到目前资源是否足够。Naman 和 Slevin（1993）将创业导向定义为："企业的创新、启动变革及迅速弹性回应市场变化的能力。"换句话说，管理者会去尝试具有潜力的新技术与新产品，主动去寻找且把握新产品的市场机会。因此，创业者倾向承担企业相关风险，喜欢以改变与创新来取得公司的竞争优势，以利于与其他公司的竞争（Miller & Friesen，1983）。相反，缺乏创业导向的企业则会被认为其管理者倾向于风险规避、缺乏创意及消极被动（Covin & Slevin，1988）。另外，Stopford 和 Baned-Fuller（1994）将"创业导向"概念划分为三个层次的创业导向：个人层次、组织层次与产业层次。不管创业导向是发生在哪一个层次，它都会产生扩散效应。

Miller 和 Friesen（1983）以创新性、风险承担性和预应性三个维度衡量创业导向，后续有许多学者以此为基础进行实证（例如，Covin & Slevin，1988；Naman & Slevin，1993；Wiklund，1999）。Lumpkin 和 Dess（1996）通过整理创业导向相关的文献，表示创业导向应包含自主性、创新性、风险承担性、预应性，以及竞争积极性五个维度，并分别做出诠释。

（1）自主性。自主性是指个人或团体对于一项概念从构想到实现，抑或在追寻机会的过程中所表现出的如独立以及自我引导的能力与意愿的程度。

（2）创新性。创新性是指一组针对创意、新构想、新事物、新程序或试验活动，以及从事新产品、服务开发，或引进新科技程序的支持程度或倾向。

（3）风险承担性。风险承担性是指经营者或经理人愿意对资源做大胆且具风险性承诺的倾向程度。

（4）预应性。预应性是指预期未来需求变化所可能带来的机会，而率先有所行动的倾向，例如领先同行业推出新产品或服务、引进新科技，或策略性地退出处于成熟或衰退阶段的事业（Venkatraman，1989）。

（5）竞争积极性。竞争积极性是指在相同产业内公司优于竞争对手的努力程度（Lumpkin & Dess，1996），也就是 Covin（1990）主张的毁灭竞争者而非井水不犯河水的态势。

既往研究也曾将创业自我效能作为创业动机与创业导向、创业绩效的中介变量，Zhao（2005）等学者通过实证分析验证了创业自我效能作为个人创业动机和创业导向之间的中介变量，并提出创业导向理论模型。结果发现相关创业课程的学习、先前创业经验和个人冒险倾向均通过创业自我效能发挥中介作用,而性别变量并没有受到自我效能影响,但却对创业导向发挥直接作用,另外女性在创业导向方面往往表现更弱。创业导向理论模型如图 2-4 所示。

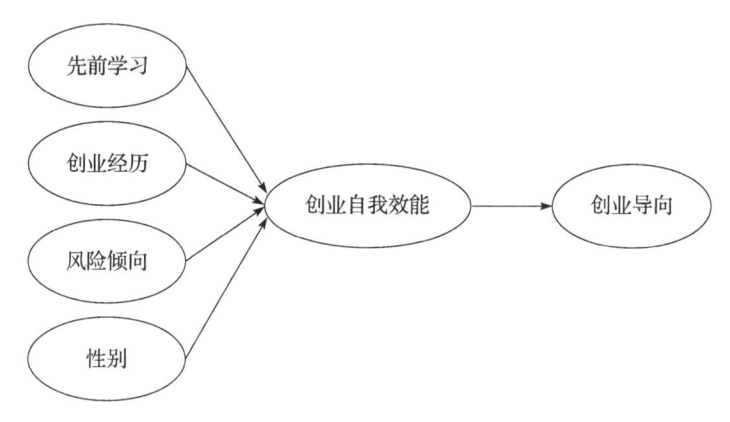

图 2-4　创业导向理论模型

来源:Zhao H, Seibert S E, Hills G E. The Mediating Role of Self-Efficacy in the Development of Entrepreneurial Orientations [J]. Journal of Applied Psychology, 2005, 90(6): 1265-1272.

还有的学者通过对不同群体中个体的创业自我效能进行比较研究,试图由此来验证创业自我效能对后续创业行为的预测力。Dmovsek 和 Glas (2002)选择同属于初创创业者的两个群体——学生和技术人员,对其创业自我效能展开比较研究,得出结论:学生在与创业相关的一系列目标上,如营销、财务方面表现出更高水平的自我效能感。Chen(1998)将自我效能(Self-Efficacy)应用于创业领域,展开两部分的研究。研究的第一部分发现,通过总体的创业自我效能得分,能够将创业型学生和非创业型学生进行区分。除此之外,创业自我效能也是和不同类型的学生所表现出来的创业意向显著相关的。研究的第二部分的主要目的是要测量创业自我效能对于小企业创建者与管理者所产生的作用的差异,通过研究发现,企业创建者在创新和冒险等方面的自我效能高于管理者,所以创业自我效能能够成为创业意向的一种可能来源得到了定量检验的依据。

Kuratko（2005）等学者研究发现，企业中处于不同管理角色的管理者表现出不同的创业行为。他们选择对中层管理者的创业行为、行为过程及行为结果建立结构模型进行分析，如图 2-5 所示。

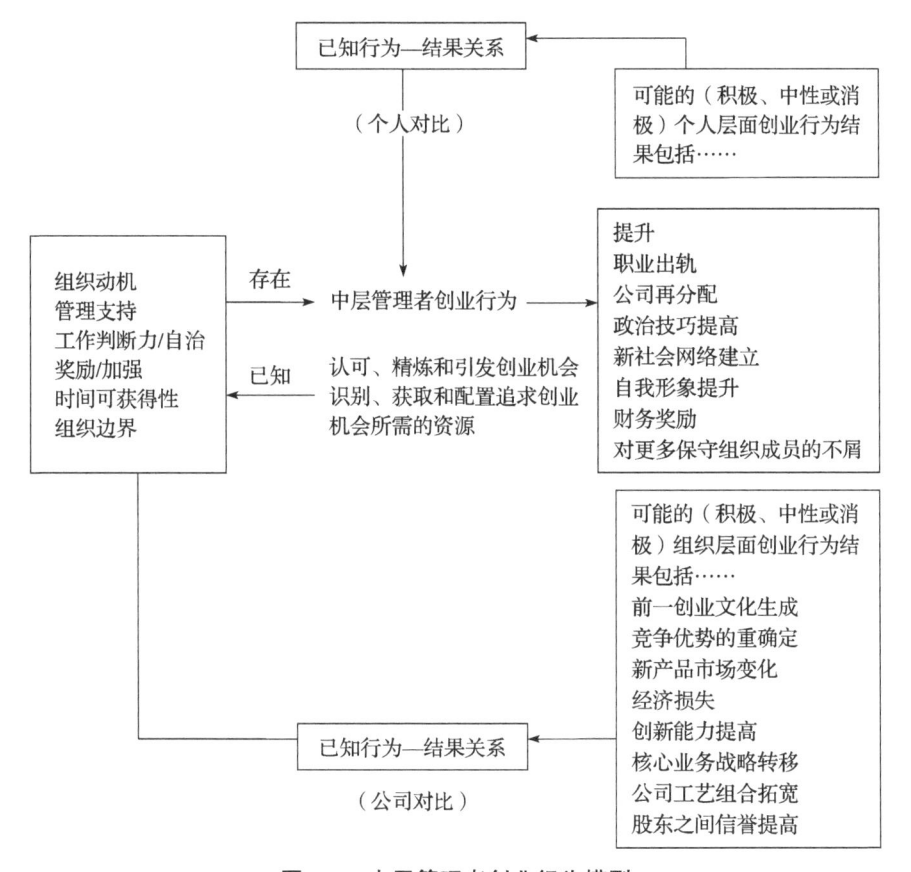

图 2-5　中层管理者创业行为模型

来源：Kuratko D F, Jeffrey S, Covin G, et al. A Model of Middle-level Managers' Entrepreneurial Behavior [J]. Entrepreneurship Theory and Practice, 2005, 29（6）：699-716.

高层管理者的主要任务是为公司发展做出及时、准确而又有效的战略决策，从而明确公司的战略目标和战略部署。中层管理者主要负责在高层与基层管理者之间进行信息沟通和协调。由图 2-5 可知，中层管理者通过交互合成信息，将获取的与创新相关、与创建新的合适项目相关的信息分别传递给高层与基层，他们所扮演的角色是在支持项目成长和努力促进项目实施方面信息的流动；而基层管理者从公司外部环境提取相关信息并对中层进行反馈。总而言之，中层管理者的创业行为主要包括识别、评估和推动创业机会，同时负责获取和配置实现这些机会所需的资源。

还有很多学者从其他方面对个体的创业行为做深入研究。Reuber 和 Fischer（1999）将创业经验与创业行为联系到一起，并提出了它们与创业绩效的关系模型，如图 2-6 所示。

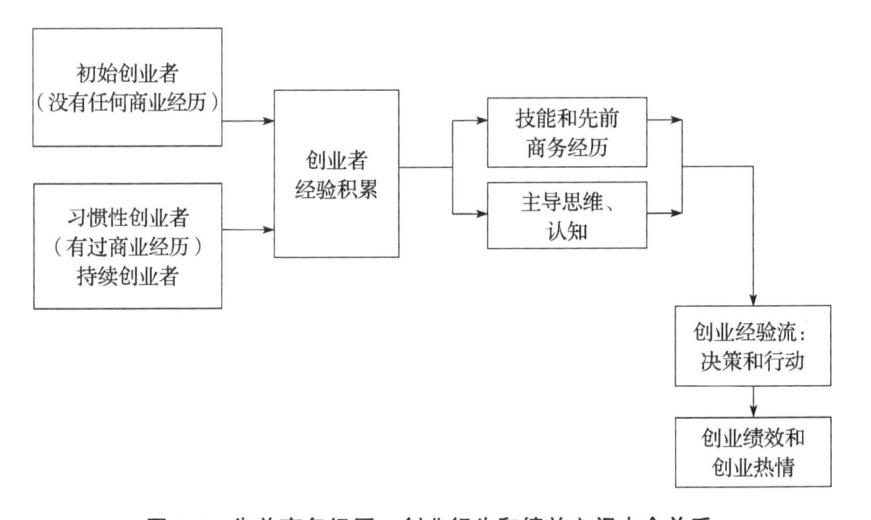

图 2-6 先前商务经历、创业行为和绩效之间中介关系

来源：Reuber A R, Fischer E. Understanding the Consequences of Founders' Experience [J]. Journal of Small Business Management, 1999（37）: 30-45.

创业者在创业过程中必须能够独立进行决策，并随时激发新构想。同时，他们还需将新构想导入创业过程，并勇于承担新构想可能带来的风险。面对变动剧烈的创业环境，创业者必须能够事先拟定应对策略。当事业逐渐成长壮大后，他们仍需保持积极的竞争心态，甚至提高产业进入门槛，以巩固领先地位。

2.3.2 行为决策论的研究现状

在自然主义的决策观点中，March（1994）在 *A Primer on Decision Making* 一书中所提出的 AIR 理论则是较为完整的论述。March（1994）认为决策行为受到三个主要因素的影响，分别是适合性（Appropriateness）、角色认同（Identity）及规则（Rules）。决策者在做决策时，首先会依据"适合性"对所面对的情境做归类，如果由情境所观察到的线索告诉他，这是一个零和的状况（Zero-sum Situation），赢者全拿，决策者就会采用冲突或竞争的模式来做决策（Messick，1999）。这样的判断方式，其实有点类似于 Forgas（1982）所讨论的"事件认知"（Episode Cognition）的概念，人们会将情境的特性与其大脑中所储存的一堆"社会性事件"（Social Episode），包括"脚本""基模""情境原型"及其他认知结构，相互对照，并以最吻合的"认知结构"来诠释其所面临的情境。此外，Forgas（1982）也假设这些认知结构并非固定不变的，而是会随着个体的经验与知识的累积而不断地分化与衍生出新的内涵。

在 AIR 理论中，第二个要素是个体的角色认同（Identity）。March（1994）认为角色认同大致可以分为三种社会性模版：第一种模版是"本质上的特性（Essential Nature）"，你是父亲、农夫、工程师、管理者还是总统；第二种模版则是"社会性的契约"，个体接受此种角色时，并期待获得某种形式的酬赏，包括金钱、团体的赞赏等；第三种模版则是"道德的坚持"，是一种被个体内化了的道德角色，并不断受良心、骄傲、羞耻与罪恶等情绪影响。这些不同的角色模版，其实都连结了许许多多的角色规则（Rules）。

因此，在 AIR 理论中进一步假定，具有不同角色认同的个体在面对相同的情境下，仍然会有不同的决定，因为其角色认同差异导致了不同的规则遵守。另外，角色认同的差异也反映出其他直接的影响，比如在个人的价值取向上。具体比如在谈判中，如果主谈者将自己定义为单打独斗的个体，则他会将焦点放在自己所能获得的利益上；如果他将自己定义为竞争者，则他会聚焦在他是否可以比对方获得更多的利益上；如果主谈者将自己定义为合作者，则他会将焦点放在如何跟其他人一起将共同利益争取到最多（Messick，1999）。不过，有学者认为在决策过程中，个体所采取的角色认同的内涵可能会变化，其方向与内涵可能会随着情境而有所不同。例如，在讨论性别歧视案例的场合，性别身份对决策会有较大的影响；而在讨论是否参与投资的会议中，性别认同的影响就会减低。

AIR 理论的第三个要素是规则遵循的要求。个体在依据情境线索与脑中的认知架构进行"适合性"的比对后，会连带将"应该"表现出的行为从所归类的情境类别中提取出来。例如，在灾难逃离的情境中，"女人与小孩优先"的规范，会主导人们的逃生决策；在公共交通工具上，"让位给老弱妇孺"的规范则主导着人们上车后选择座位的决策行为。此外，"公平原则"作为普遍接受的规范，也深刻影响着许多决策过程。但是，在 AIR 模式中，个体的角色认同可能相当复杂且多元化，这导致其连结的规则也可能产生冲突，因此，建立起一个完整且一致的"自我认同"是很重要的。

在自然主义视角下的 AIR 理论中，个体的角色认同被认为是影响决策行为的核心要素之一。尽管 March 对角色认同的分类及提取机制做过说明与探讨，但他并未对角色认同如何系统性地影响决策行为进行深入的分析与讨论。

2.3.3 创业决策行为研究的流派与其影响因素研究

在组织中，管理者常常要面对一个接一个的决策，如是否推出新产品、开发新市场、创立新事业、在假日提供服务、解聘新进人员，等等。这些决策可能既有简单的也有复杂的、有可预期的也有突发的、有重要的也有例行的，各式各样的决策构成了管理者的核心任务。从严谨的分类角度看，决策可分为结构化的、可评估的、数量化的类型，以及无法界定清楚的、结构松散的、非数量化的质性决策。因此，不管在实践领域还是学术研究领域中，有一个大家相当习惯的区分向度——理性与非理性。早期探讨决策行为，在经济性原则的考量下，将个体视为追求利益最大化的经济人，强调个体有能力去评估各项选择方案的成本与效益。然而，Simon（1955）提出的"有限理性"概念挑战了这一观点，引发了更多关于认知能力有限性和心理性因素对决策行为影响的研究。不过，在某些情况下人们还是倾向以经济理性的观点来分析问题，只是，这种经济观点不时会受到认知机制的影响，例如，Kahneman 和 Tversky（1979）在前景理论（Prospective Theory）中所提出的"决策架构（Decision Frame）"的概念，以及 Kahneman，Slovic 和 Tversky（1982）的启发式决策。然而，理性与非理性并非互斥的两个极端，它们可能同时并存于人类的决策行为中。

因此，在决策领域的相关文献中，研究者首先回顾传统的经济观点，探讨理性决策或非理性决策的争议。随后，鉴于经济观点的局限性，他们转向心理学视角的行为主义理论。这一转变与 Holloman（1992）的概念相吻合。在决策的行为理论中，研究者强调非理性决策现象的普遍性，并特别聚焦于"决策嵌陷行为"。最终，研究者以自然主义观点引入 March（1994）的 AIR 理论，进而探讨"认同"在决策中的重要性。

在西方思潮影响下的研究者习惯将管理者的决策以理性的（Tational）、分析式的（Analytical）及逻辑性（Logical）的方式来分析，认为管理者有能力清晰分析问题及其背景。然而，尽管决策支援系统、工具与技术显著进步，使信息的搜索获取更加快速简单，方案选择更加全面，然而，最终的决策仍需人们自己做判断与选择。信息技术并不能帮助人们完全厘清问题，或解决问题隐含的风险与不确定性。因此，尽管管理领域强调理性与分析的决策方法，但实务经验表明，管理者的个性、心理状态与政治考量左右了大部分的决策行为（Holloman，1992）。

一般来说，决策科学领域喜欢把人的决策行为定义成三大类：一是"理性"（Rational）决策；二是"无理性"（Non-Rational）决策；三是"不理性"（Irrational）决策。"无理性"是指的是直觉式的、经验基础的决策风格，"不理性"指的是受个人特质、偏好或心理因素影响的决策。在这样的分类架构下，学者倾向于建议管理者在决策时结合理性与无理性（直觉、经验性）的决策风格，也就是同时兼顾"脑袋"（理性）与"心"（直觉）的考量，这实际上是一种结合了认知分析与快速判断的启发式决策模式（见表2-8）(Holloman，1992）。

表2-8 Holloman决策形态的分类

	用"脑袋"决定	用"脑袋和心"决定	用"心"决定
理论	规则性理论（Prescriptive Theory）	启发式理论（Heuristic Theory）	描述性理论（Descriptive Theory）
历程	分析式	直觉—经验基础	个人化的
问题属性	结构性—量化的问题	松散—质化的问题	无结构—质化的问题
可行方案	已知	部分已知	没兴趣
目标	极大化利益	极大化利益	极小化利益
将自己当成	经济人	管理者	社会性角色

资料来源：林家五、熊欣华、黄国隆（2006）文献。

2.3.3.1 心理学观点的决策理论

以"决策"为研究主题的学科相当多且发展复杂，各领域采用了不同的方法和工具。例如，经济领域喜欢用数学或经济公理来预测决策行为；工业工程与作业研究则偏好运用统计模型来解决生产与作业上的决策问题；而心理学家倾向于从知觉或认知的角度，在自然环境下分析决策行为。Beach（1997）综合了过去 30 多年来的研究成果，指出从心理学的视角来看，决策行为的研究大致分为三个取向：规则性的（Prescriptive）、行为的（Behavioral）及自然主义的（Naturalistic）。

规则性的观点与 Holloman（1992）的用"脑袋"决定的理性模式是一致的，强调逻辑思考与理性假设，利用数学公理来预测行为，更多关注决策中的可行方案（Options）与抉择（Choices），而对问题的判断及实际行为表现的关注则相对较少。由于社会科学主要致力于理解不同社会、产业及组织环境下的决策行为，探究决策者如何感知、分析与判断信息，以及这些过程如何影响抉择的形成，这进一步推动了决策行为理论的发展。

决策的行为理论比较强调决策者对信息的评估与判断。例如，Hammond（1955）提出的透镜模式（Lens Model），研究了人们如何利用感知到的线索来做出决策。该模式的理论基础可以追溯到知觉心理学中关于知觉恒定性（Perceptual Consistency）（如大小恒定、速度恒定等）的发现。也就是说，人们通过视觉、听觉及其他感官接收的线索，会经过类似透镜的知觉系统处理，形成一个统一且连贯的感知。进入 20 世纪 70 年代，透镜模式得到了进一步应用，Hammond 及其团队提出了"社会判断理论"（Social Judgment Theory）（Hammond, Rohrbaugh, Mumpower, et al., 1988; Hammond, Stewart, Brehmer, et al., 1975），这些学者的研究发现，当环境提供的线索越简单，线索间存在明显的线性关系且能清晰描绘出决策问题或情境时，个体的判断与学习效率就越高。这一类研究结果在社会问题分析及政策制定中得到了广泛应用（Beach, 1997）。

在决策的"规则理论"与"行为理论"的观点中，其实有一个共通的假定，即他们都希望建构出一个理想的模式，可以告诉决策者"应该"（Should）怎样做才可以使其效用最大化。但是，这种追求理想模式的观点与假定在实际操作中因与复杂多变的现实情况相脱节而往往难以实现。在日常管理活动中，决策者经常面临不确定的环境及快速变化的信息，因此，一个理想化的"应该"模式往往难以在真实的情境中直接应用。

在传统"期望—效用"的决策理论之外，有很多组织行为学者借用了心理学的一些要素，提出了较为另类的观点。在Connolly与Koput（1997）的分类中，他们认为这一类的理论可以称作"自然主义的决策理论"（Naturalistic Decision Making Theory），隶属于其中的理论包括印象理论（Image Theory）（Beach，1993）、解释基础理论（Explanation-Based Theory）（Pennington & Hastie，1988）及情境配合理论（Situation Matching Theory）（Klein，1989）。印象理论与解释基础理论强调决策者个体在经验叙述的完整性及内部一致性，这两种机制共同构成了行为规划与经验评估的基础。相比之下，情境配合理论则类似于认知心理学中的模型再认（Pattern Recognition）功能，它允许个体根据记忆中存储的情境模型与当前接收到的资料剖面图进行比对，从而做出决策。此外，Payne，Bettman和Johnson（1993）提出了调整性决策者（Adaptive Decision Maker）概念，他们认为在决策过程中，决策者是环境依赖的个体，即他们会根据决策任务的性质及其他环境因素，灵活选择是采用"取舍"策略（Trade-off Making），还是采用认知上更为简约的启发式简化方法（Heuristic Simplification）。

2.3.3.2 非理性范畴中的决策嵌陷行为

在讨论了决策的相关理论的观点后，回到现象层面上。一直以来，有一个非理性的决策行为持续受到研究者的重视。"当决策者面对失败的后果，却仍然持续在先前的行动上投入资源"，被 Staw（1976）命名"承诺持续"现象。Brockner 和 Rubin（1985）将这种现象重新定义为嵌陷行为（Entrapment Behavior），它不仅出现在财务性的投资决策上，而且许多学者发现它也出现在"绩效评估"的决策上（Bazerman, Beekun & Schoorman, 1982; Schoorman, 1988）、团体决策上（Bazerman, Giuliano & Appelman, 1984; Whyte, 1993）甚至印象管理上（Caldwell & O'Reilly, 1982）。但是，关于导致决策嵌陷行为的成因及影响机制，研究者尚未达成一致的结论，早期的"个人责任感"（Personal Responsibility）（Staw, 1976），基于前景理论的定锚效果（Anchoring Effect）（Tetlock, 1992）、监控效果（Monitoring Effect）（Kirby & Davis, 1998）、沉没成本效应（Sunk Cost Effect）（Arkes & Blumer, 1985; Brockner, 1992; Staw, 1997; Moon, 2001）及完成感效果（Completion Effect）（Conlon & Garland, 1993; Garland & Conlon, 1998; Moon, 2001）等，均被证实可能对决策嵌陷的承诺持续产生影响。综合分析这些影响机制，我们不难发现，在排除情境或网络性因素之后，影响承诺持续现象的因素大致可分为两大类：认知性因素（如监控效果、定锚效果）和动机性因素（个人责任感、完成感效果）。这与 Bronner（2003）对决策错误病因的分析结果不谋而合。他认为许多决策错误的根源可以归结为"信息病因"（Information Pathologies），主要来源于认知特性和动机特性两大方面。

从动机论的角度出发，许多研究者仍倾向于将决策者视为"自利导向"（Self-interested）与"自我中心"（Self-centered）的个体（Moon, 2001）。自我概念的内容及自我认同的强度会影响诸如成就感追求、面子观念、责任感等关键变量，进而对决策嵌陷行为的发生及承诺持续的程度产生深远影响。因此，接下来我们将深入讨论认同概念在决策行为中的核心地位。

2.3.4 认同与决策行为

在个体层面的决策行为中，认同的影响力显而易见。特别是个体的自我认同，对决策过程起着重要作用。

从内容角度来分析，Berzonsky（1988，1990）认为人们在构建自我认同时，可大致分为积极努力与逃避不动作两大方向，进而细化为三种认同风格：信息性（Informational）、散漫与逃避性（Diffuse/Avoidant）及常态性（Normative）。信息性认同的个体会主动收集、评估及使用相关资讯来解决认同冲突或进行决策。也有研究指出此种类型的个体，就像是一位缜密的自我探究者（Deliberate Self-exploration），他会自己去寻求自我认同的定位与内涵，是属于一种个人化的认同界定（Personally-define Identity）（Berzonsky，1994）。这类个体在认知上倾向于内控，认知需求高、内省性强、偏好创新思维与价值且行动上勇于创新（Berzonsky，1989，1990，1992；Berzonsky & Sullivan，1992）。另外，Berzonsky 与 Ferran（1996）的研究表明，信息性认同取向的个体更倾向于采用系统、机警的决策风格，而散漫与逃避性认同的个体则表现出拖延、逃避及找借口等应对方式，他们在决策中可能采用不恰当的决策策略及不良的认知策略。

从"拥有"的角度来分析个体的自我认同对决策的影响。早期的研究者仅简单地将产品购买与个体的自我认同间确定为直接的关系，"我拥有，故我在（I am what I have）"（Rosenberg，1981；Solomon，1983）。Kleine 和 Kernan（1993）进一步揭示了消费者如何通过购买产品来澄清其角色身份，如购买球具或观鸟望远镜，来标识自己为网球爱好者或观鸟爱好者。然而，他们指出，这样的角色定义并不等同于完整的自我认同。他们认为，影响角色认同的机制包含三个关键因素：累积的拥有感、社会性连结及与特定角色认同相关的媒介（如自尊）。

基于符号互动的认同理论（Symbolic Interactionist Identity Theory），Kleine 和 Kernan（1993）提出，个体的角色认同可以通过日常的购买活动逐步构建。Laverie 和 Kleine（2002）的研究进一步表明，个体对商品（作为社会性刺激）的评估扮演了中介的角色，即为产品"拥有"及自我认同间的中介变量。尽管上述研究对角色认同进行了深入探讨，但它们主要停留在角色认同层面，未全面触及"自我认同"这一更广泛的概念。这项论述最早是由 Solomon（1983）提出的，他认为产品作为社会性刺激，能够影响个体的自我定义及其后续行为的评估。

"决策嵌陷"或者称为"承诺升级"，解释这种不属于理性决策现象的影响机制中，有一个概念为自我申辩（Self-Justification）（Staw，1976；Staw & Fox，1977；Staw & Ross，1980；Staw & Ross，1981）。这些学者认为这种源于印象管理与认知失调理论的自我申辩，是促成嵌陷行为发生的主要机制。但是，在这个概念中对影响自我申辩强度的前置因素，主要假设为对所负起的个人责任知觉的高低（见图 2-7）；而自我申辩对决策嵌陷行为的影响，林家五（2000）的研究结果最后确认 Kahneman 及 Tversky（1979）所提出的前景理论（Prospect Theory）比 Staw 的自我申辩机制更能解释决策嵌陷现象的发生。但在 Bazerman（1994）的论述中，认为影响承诺升级继续发生的原因有四大类：知觉的偏误、判断的偏误、印象管理和竞争的非理性。Bazerman 并不认为这四类原因会互相冲突，而是会同时存在的。因此，研究者在解释承诺升级现象时，对自我申辩或者印象管理这类的原因并没有给予更深入的分析。

个人责任 → 申辩需求 → 回溯理性 → 决策嵌陷行为

图 2-7 Staw 的"自我申辩"机制作用过程

虽然，Staw（1981）区分出内在申辩与外在申辩两项概念，前者是向自己辩明的内在驱动力，后者是为了保持在他人面前形象所产生对外在辩明的驱动力。但是，对影响自我申辩需求的因素着墨甚少。因此，研究者认为如果把自我认同的概念用来弥补此部分的缺失，或许能为分析决策嵌陷现象提供重要的视角或补充。具体而言，内在申辩的强度应该是受到自我认同概念中"我的存在"及"我扮演何种角色"的影响，这可以套用 Ackerman（2000）的八项原则中的第一条"存有原则"（Law of Being）来解释，而外在申辩的强度则受到第二条"独立个体原则"的影响。基于此，如果将研究者前面所整理的研究发现和"自我认同三要素"（见图 2-2）纳入考量，则我们可以对自我申辩的影响机制做进一步的修正和完善，如图 2-8 所示。

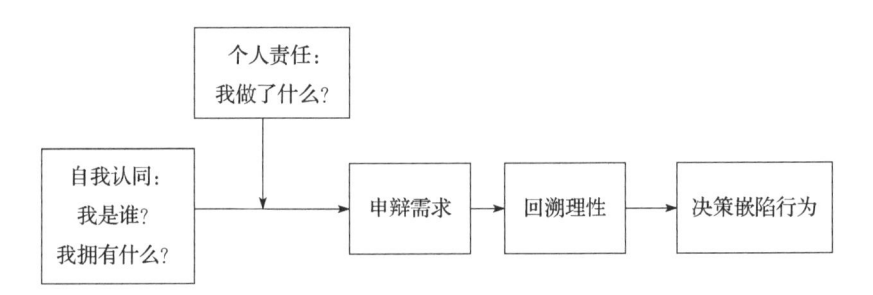

图 2-8 依据"自我认同"修正的"自我申辩"机制作用过程

简单来说，研究者认为 Staw（1981）所强调的个人责任在引起申辩需求方面，仅是具有加成效果的调节变量。影响个别决策者是否选择通过持续投资已经出现负面结果的问题行动（决策嵌陷）来证明自己。然而，最主要的机制仍在于自我认同的强度与内容。例如，当个体拥有强烈的身份或角色认同，可能认为自己是一个理性的管理者或产业分析的佼佼者；或者依据自我认同中的"拥有"概念定义身份，面临错误分析造成的负面决策后果时，试图将后果由负面转成正面，即有较高的自我形象的申辩需求。特别地，在公开场合下，个人责任的公开确认会进一步增强其理性形象的申辩需求。

事实上，自我认同不仅在强度和取向上有所差异，其内涵也是多元的，具有多面性。这与传统社会心理学家关于个人可能拥有多重身份认同的（Multiple Selves）观点相契合，这些身份认同因情境、线索等变化而凸显（Aaker，1999）。也就是说，人们的自我认同具有多面性，可能因其身体特征、角色、能力、行为、偏好、特质、风格，甚至隶属的团体特征等而表现出不同的一面。Mandel（2003）的研究发现，个体以相互依赖的特质定义自我时，在财务决策上更倾向于风险寻求。这些论点与实证结果表明，在面对决策情境时，尤其是面对负面结果的情境时，个体的自我认同将显著影响其后续评估与决策过程。因此，Berzonsky（1988，1990，1994）提出的认同风格概念及其对行为的影响，为解释决策嵌陷行为提供了更深入的视角。

2.4 研究不足

本文综述了创业自我效能、角色认同和创业决策行为三个方面的相关研究内容。并基于这些研究内容，指出了当前研究的一些不足。

第一，在各种领导者或管理者角色中，创业者毋庸置疑是最具挑战性的角色。创业者必须能够面对和适应环境中的不确定性才能够获得成功，并且其所开创的新企业通常处于尚未成熟的产业。换句话说，新事业的开创通常是由不确定开始，从而创造出更多的模糊性，并在探索过程中逐渐确定的过程。而面对环境的不确定性与模糊性，创业者如何解读这些信息，如何从中发现商机、开发新产品乃至开创新事业，这一动态的创业历程在过去的研究中鲜有深入探讨。早期的创业研究多聚焦于创业者的背景、动机、特质及价值观（Copper，1973；Kirzner，1973；Lies，1974；Greenberg & Sexton，1988），以及从不同角度对创业者类型进行分类（Super，1970）。随后，研究重心转向对创业行为的分析（Stevenson，1988；Timmons，1990）上。尽管许多研究已关注并阐明了自我效能对创业行为和创业导向的影响，但以往的研究多聚焦于自我效能和行为之间的直接联系，而对自我效能如何影响创业决策行为的具体机制探讨不足。这一研究不足限制了我们对于创业者对自我的感知如何影响创业决策行为的完整理解。正如 Mitchell（2002）的研究所揭示的那样，认知（Cognition）是个人的感知（Perception）、思考和记忆，认知的过程涵盖了将输入的资料进行转换、缩减、储存、更新及使用，因此认知心理学的出现将有助于解释创业者与周边关系人、外部环境互动的心智过程（Mental Processes）。试图了解创业者在做出创业决策时内心对自我的真实感知不仅有助于分析创业决策行为的形成过程，而且也可以帮助我们理解创业者在创业过程中表现出的不同程度的坚定性和持续性。对创业自我效能进行判断的目的是更清晰地了解创业决策行为形成的动因，并促进创业者基于对自我的了解而更加坚持不懈地努力。结合创业者角色认同的概念，从社会角度分析创业者如何在自身的角色丛林中提升并确立创业者角色的认同，有助于我们更全面地理解社会网络和外部环境如何相互作用，从而帮助创业者不断调整并重塑其角色认同。自我效能解释了创业者为自己树立创业目标并实施创业行为的可能性，而角色认同则帮我们揭示了创业者对自己所创办的企业的承诺（即对创业行为的承诺）及终止或放弃创业行为的概率（Hogg & Hardie，1992；Brewer，1993；Simon，Pantaleo & Mummendey，1995）。因此，区分并识别创业者角色认同对于进一步理解基于不同程度的创业自我效能而导致的不同创业决策行为的选择也有非常重要的意义。创业自我效能构念的引入，为我们研究创业决策行为提供了新的视角和理论支持，正是基于此，本研究从认知心理学的视角，将创业自我效能与角色认同结合起来，探索不同的自我效能水平对创业决策行为的影响。

第二，现有研究对于角色认同如何促进创业决策行为的具体过程还没有系统分析。在以往的研究中，作为创业动机与创业行为之间的中介变量主要包括机会成本感知、外部环境感知及创业者个性特征（张玉利，杨俊，2003；Chen, Greene & Crick, 1998；Forbes, 2005；Luthans & Iibrayeva, 2006）。本研究从认知角度切入，从对创业者做出一系列创业决策的心智模式出发，克服了以往研究中以创业者个性特征作为中介机制的静态性和机会成本感知及外部环境感知等作为中介过程的模糊性。而心智模式某种程度上是人类对现实世界的知识建构或信念，该系统承载了来自文化、社会、群体或个体的价值信念系统，决定了个体如何看待这个世界，并从中获得解释、预测或是与环境进行互动。根据这种思路，所谓创业者的心智模式则是在进入创业历程中创业者所依存的一套个人知识架构或信念系统，其决定个体如何解释环境、制定策略及经营。Huff（1982）认为，创业者常在"未知"边缘工作，即使在已经建立的产业中，创业者仍然需要一个属于该产业的共同诠释基模或者心智模式。基本上，开创新事业跟进行重大策略改变一样，都与释意功能的运用相联系（Gioia & Chittipeddi, 1991）。领导者必须对既定的事业环境建立起新的愿景或者心智模式，如此才可以对环境形成诠释，并且作为与他人沟通及获取支持的共同语言。在创业环境下，创业者的一项重要工作是提供对现状的认知和解释，并且对可能的未来做适当的预测和诠释（Gartner, Bird & Starr, 1992）。创业者通常依据直觉来处理环境的不确定性与模糊性（Mintzberg, 1973, 1978；Mitton, 1989）。而在此过程中，创业者的角色认同发挥了至关重要的作用，社会心理学领域的学者们已经开始识别角色认同对决策行为的影响（Bird，1988；Berzonsky，1989，1990，1992；Berzonsky & Sullivan，1992；Rosenberg，1981；Solomon，1983）。Bird（1988）曾经指出开创的意图、创业者的角色认同决定了组织是否存活、是否成长，以及向怎样的方向发展。而这种开创的意图、创业者的角色认同，就是"释意（Sense-Making）"的结果。简单来说，创业者想要让企业存活，让企业成长壮大，就必须扮演好创新者的角色并勇于承担及认同这样的角色，发挥创业的功能。但是，扮演创新者、发挥创新功能有一个重要且不容忽略的要素，就是必须具备创业者的心智模式，或者说拥有一定水平的创业自我效能。因此，创业自我效能是创业者用来对模糊且不确定的环境形成理解，并且将其准确适度地传达给新组织中其他成员领会的工具。通过角色认同促使创业者带领组织成员克服困难、坚持不懈，开拓市场并使其发展壮大。

第三，现有研究在探讨外生情景环境如何影响创业者角色认同方面尚缺乏系统的分析。根据社会认知理论，人的行为并非单纯由内部力量驱动，也并非仅由外部刺激塑造和控制，而是环境、个人及其行为三者之间持续交互作用的结果。该理论认为，行为是个人与环境交互作用的产物，而非单一因素所能决定。通过这三者之间的相互影响，个人的行为会随不同情境而变化，同时个人的行为也会影响周遭环境及其自身的情绪和特质，故环境、个体认知与个人因素，以及行为三者之间会相互影响。因此，有学者（刘常勇，2006）提出，创业与所处的环境关系密切，因为创业不仅是个人行为，也是一项社会活动。从资源依赖的角度来看，创业高度依赖外部资源的获取，资源的来源和数量会直接影响创业行为。例如，当资源主要来自家族与亲人时，家族创业的比例较高；当资源来自风险投资与社会大众时，知识型团队创业的比例将会增大。同样，社会就业机会的多少也对创业决策产生显著影响。当就业机会减少时，社会对创业资源的供给可能相应增加；当产业呈现快速变迁，大量新科技涌现时，创业动机也会随之增强。此外，产业环境的变迁对员工内部创业和经理人离职创业等也都会产生显著影响（刘常勇，2006）。从社会生态学的视角来看，拥有越多创业者与新创事业的社会，创业风气就越为旺盛。综上所述，机会与资源的供给程度，社会对创业的支持态度，以及产业环境的稳定性和多样性，都会影响人们的创业决策、创业表现，以及新事业未来的发展规模。

Gnyawali 和 Fogel（2004）指出，当商业环境越有利时，新创事业就越容易出现；当社会对于创新与创业行为越加支持时，创业者就有越高的创业意愿。环境因素显著影响特定地区的创业行为，因此政府和大众的价值感知对于创业环境的营造扮演着不可或缺的重要角色。转型经济或发展中国家的创业需求较高，因为它们需要更加快速地发展经济和进行持续的创新，并对现有的环境体制发起挑战。由于对资源与政治影响力的相对缺乏，与大企业相比，小企业对有利的创业环境更加依赖。故本研究试图探索在不同的环境条件下，创业者自我效能对其创业决策行为的影响，这可以帮助创业者对自我潜能的最大限度发挥，以及通过外部环境的科学引导创造更有利于强化创业者角色认同的氛围，进而达到推动创业和创新的蓬勃发展的目的。

2.5 本章小结

在综述自我效能、角色认同和创业决策行为三个领域文献的基础上，我们发现，当前研究在探讨创业自我效能对创业决策行为的影响时，较少从角色认同视角进行深入分析。创业自我效能是影响创业者创业决策与创业表现的重要因素。随着创业研究从特质观向认知观的转变，仅仅依靠创业者的创业动机及个性特征已无法深入解释创业者的创业行为和表现，如何挖掘创业者心智模式中导致创业决策行为最终实现的机制，成为本研究的主要目的。现有研究虽然对于创业动机的研究已获得一定成果，但是缺乏从认知心理学的视角将创业自我效能所引发的创业者心智模式的改变纳入研究的范畴中来，而创业者角色认同构念的引入为我们从认知心理学的视角研究创业自我效能提供了新的视角和理论支持。基于此背景，将自我效能与角色认同相结合，本书从认知心理学的视角研究创业动机中的自我效能基于创业者个体层面，探索在不同创业环境中的自我效能对创业决策行为的影响及其过程。这有利于我们全面地理解创业自我效能对创业决策行为的作用路径和局限性。更为重要的是，对于自我效能如何促进创业决策行为的具体过程还没有全面系统分析。长期以来创业者个性特质、创业资源及创业先前经验一直被认为是导致创业行为的关键要素，然而，许多学者从不同理论视角研究了关于自我效能对创业决策行为的影响，虽然都有一定的理论贡献，但是却得到了不尽相同的结论。因此，区分并识别创业者角色认同对于进一步理解基于不同水平的创业自我效能对不同创业决策行为的选择也有非常重要的意义。虽有研究表明，机会与资源的供给程度、社会整体所表现的对于创业的支持态度及产业环境的稳定性和多样性都会影响人们的创业决定以及创业表现，更会影响新事业未来的发展规模。政府和大众的价值感知对于创业环境的营造，也将扮演着不可磨灭的重要角色（Gnyawali & Fogel，2004；刘常勇，2006）。但是，对于外部情景因素如何影响创业者角色认同还没有得到系统研究。

为了解决以上问题，本章以认知理论、角色认同理论和创业决策理论为理论基础，对相关文献进行了梳理和回顾，奠定了角色驱动力—角色认同—角色感知行为的理论模型的构建基础。与此同时，我们基于创业者社会关系理论和认知理论，识别出以创业者社会网络和创业价值感知两个变量为调节变量，将其整合到创业自我效能—创业角色认同（开发者、投资者和改革者）—创业决策行为的模型中，进一步探讨社会网络因素如何在自我效能和角色认同的路径中起作用，以及外部环境感知因素如何在角色认同和决策行为的路径中起作用。

综上所述，本书提出了四个问题。①哪些关键的创业自我效能影响了创业决策行为？②不同的创业自我效能对创业角色认同的影响方式和程度如何？③创业者社会网络不同对创业自我效能和创业角色认同之间的作用路径产生怎样的影响？也就是说，创业者所拥有的社会网络水平会如何加强或减弱其作用强度？④外部环境反馈的不同的创业价值感知对创业角色认同和创业决策行为之间的路径会产生怎样的影响？

第 3 章
概念模型与假设

围绕本书初始提出的主要研究问题，结合前一章对现有研究中存在的缺陷和启示的分析，本章基于整体模型的构建，分析并论述模型中所涉及的各个具体假设关系，深入探讨在不同创业者个性特征和多样外部环境下，以创业自我效能为前因、创业者角色认同为中介机制、创业决策行为为结果的这一组复杂的、结构性的权变关系。

3.1　创业角色认同与创业决策行为

在关于人类行为的研究主题中，"决策行为"无疑是一个相当重要的领域。一连串的决策构成了每个人的日常生活，小至决定吃哪一种早餐、买哪一份报纸、投资哪一只股票；大至要买哪一款车、要不要出国进修、要在哪里买房子、选择哪一个女生（男生）做终身伴侣，等等。这些决策中，有些可能基于习惯、有些则涉及成本与效益分析，但更多时候，它们深刻反映了决策者的个人"风格"，这种风格可能源于其专业角色、自我印象或价值观。那么，这种"反映决策者个人风格的"决策行为是如何运作的呢？决策行为是组织行为学的重要议题，其研究视角已从经济理性扩展到有限理性和自然主义模式。在非理性决策的范畴中，决策嵌陷或所谓的承诺升级现象引起了许多的讨论，认知与动机观点虽然提供了可能的解释，但仍有讨论的空间。

3.1.1　创业角色认同类型

由本书第 2 章可知，有学者将创业者研究分为三类：第一类将焦点放在解释创业者出现的现象；第二类以公司作为主角取代创业者；第三类以人格特质与能力等变量来指代创业者。还有的学者将创业者类型分为创立者（Nascent）（想要建立新企业的个人）、初学者（Novice）（没有任何创业经验的个人）、习惯者（Habitual）（过去有经营企业的经验）、连续者（Serial）（过去曾卖、关过自行创立的公司，又继续经营其他企业）、组合者（Portfolio）（个人持续经营所创立的公司，但是后续亦经营其他企业），显示不同背景对于新创事业经营有着重大的影响。对于创业者角色的分类显然不能仅仅依据创业者类型来简单划分，而是根据令其赋予激情的不同类型的创业行为来划分。

由于创业者将自己投入具有某种自我认同的创业角色中，所以才会产生持续的激情。例如，Baum和Locke（2004）以及Shane, Locke和Collins（2003）提出创业激情是对工作的一种热爱，而Smilor（1997）指出创业者都是对与风险投资有关的活动充满热情。Cardon等（2005）也认为创业激情是对风险投资本身的热爱，而Vallerand（2003）将创业激情定义为"对他们喜欢并认为重要的某种行为的强烈倾向"。虽然Vallerand等强调角色意义对理解创业激情的重要性，但在其研究假设中并未提及角色认同。Murnieks和Mosakowski（2006）在研究中明确提到认同的作用，他们认为当一系列与创业相关的角色认同凸现时，激情也随之产生。根据Gartner, Starr和Bhat（1999）对创业行为类型的研究成果，Cardon（2009）等学者在前人的研究基础上，依据与不同角色认同相关联的创业活动，重新划分了创业者角色认同，提出三种类型：①开发者角色（An Inventor Role）——创业者的创业激情源自对新的机会的识别、创造和开发活动；②投资者角色（A Founder Role）——创业者的创业激情体现在为了利用机会并使其商业化而建立新的事业的活动；③改革者角色（A Developer Role）——创业者的创业激情来源于培养、发展和扩大已经建立的事业相关的活动。不可否认的是，某些创业者会对这三个角色投入相同程度的热情，然而另外一些创业者可能会将三种角色中的某一种角色看得比其他角色更加重要。

认同理论，尤其是关注基于"自我"的角色概念的相关文献（Burke & Reitzes, 1981, 1991; Goffman, 1959）为以上三种角色认同类型的划分提供了理论基础（Stryker & Burke, 2000）。对于"积极的自我"的关注，就是在回答"我是谁？"这一核心问题，以及这些自我认知如何激发自我反思，进而引导行动去创造、维持并改变更广泛的社会和经济条件，从而促进个人的成长和行为重塑（Burke & Reitzes, 1991）。研究者将角色认同定义为个体对自我核心的、独特的及持久个性的内化的期待，这些个性在个体所扮演的角色中得到部分体现（Burke & Reitzes, 1991）。例如，创业者在开发者角色中找到自我意义时，会充满打破常规的构想，更倾向于将开发者的角色视为自我核心和持久的特征。自我是由多层次的角色认同构成的，认同理论提出，个体的角色认同是有层次地构成的，并且层级越高，角色认同的重要性及所蕴含的自我意义就越核心（Stryker & Burke, 2000）。有些创业者角色认同中，投资者角色可能比开发者角色更为显著和核心，因此，他们可能更倾向于投身创建新企业的活动，而非单纯探索或发明新机会。事实上，创业者的角色认同可能会随着时间而不断调整（如投资者角色可能逐渐超越开发者角色）。然而，在任何特定时期，角色认同的相对稳定性是重要的，使得创业者的自我意义既独特又一致。

这种既独特又核心的角色认同会激励创业者去参与某些特定活动（同时避免其他活动），并为他们在这些活动中所引发的情感体验提供解释框架。特别值得一提的是，在通过社会行为验证个人自我意义的过程中，角色认同成为行为动机的重要来源。角色认同将人们归入不同的社会类别

(如,"我是一个开发者")。个体会被激发去从事某类活动,并通过某种方式与人互动来保持和确认他们的自我意义,这种活动不仅定义了相应的角色期望,还体现了特定社会类别对行为的影响(Burke & Reitzes,1981,1991;Goffman,1959)。Burke 和 Reitzes(1991)认为,积极寻求能够强化某种核心认同而削弱其他认同活动,是积极自我表现的一种形式。

3.1.2 角色认同与创业决策行为

尽管有学者(Barron & Harrington,1981)提出创业者的创业行为是与自我认知和自我概念相一致的,但仍然很少有学者从自我概念的维度来研究对创业行为产生影响的要素(Tierney & Farmer,2002)。根据角色认同理论,自我概念涵盖了个体所扮演的多种社会角色(Piliavin & Callero,1991)。角色认同感的产生主要有两个来源:①社会关系中对自我评价的反馈;②相关的自我认知(Riley & Burke,1995)。从角色认同的角度所产生的自我意义反映了一个人自我规制的释意过程,在这个过程中,通过其他人和自己的一系列输入元素而进入一种对某种身份的识别、支持和验证的尝试中(Riley & Burke,1995)。最终,角色认同体现为一种内在的角色期望集合,其重要性在于它成为对相应角色做出承诺的重要动力源泉。"社会关系"中的重要预期是促使个体反思自我概念的关键因素,个体也会通过这些预期更好地看清自己。这些认知反映了行为预期,更重要的是,反映了别人期待某个体"成为谁?"的预期。现有研究已经为社会预期对角色认同发展产生的影响提供了大量的支持(Callero et al.,1987)。创业预期也成为与创业有关行为的催化剂(Ford,1996)。虽然管理者的预期会影响创业行为(Scott & Bruce,1994),但家人和朋友也是影响创业行为的潜在社会情境因素(Woodman et al.,1993)。有研究显示,家人和朋友通过鼓励、支持、开放性沟通和信息反馈来影响创业者的创业行为（Amabile，Conti，Coon，Lazenby & Herron，1996；Madjar et al.，2002；Zhou & George，2001）。正如对角色的认同感通常是在小规模的组织里通过面对面的互动形成的（Oyserman & Packer，1996），家人和朋友的期望也可能会成为创业者角色认同感形成的参考（Riley & Burke，1995）。角色认同理论提出创业者若感知到他的家人朋友等期待他们创业，则更有可能形成创业者的角色认同。

在中国文化背景下，对于来自各种社会关系的预期的关注度水平是极其高的（Yang，1981）。已知在中国文化里呈现出在自我建构的过程中对感知到的他人的看法越加敏感的趋势（Markus & Kitayama，1991），我们就能预测出感知到的来自家人和朋友的预期会对创业者角色认同产生重要的影响。

角色认同能够激发角色行为是因为个体对相关角色的扮演可以实现其对证明自我的需要（Markus & Wurf，1987），并且可以令相关社会关系对个体进行识别和归类（Burke，1991）。如果个体的角色认同越处于核心位置，则其行为就越有可能与该角色认同保持一致（Stryker，1980）。因此，角色认同的概念在预测一系列行为的过程中发挥了重要的作用（Callero，1985；Riley & Burke，1995；Grube & Piliavin，2000）。学者也同样提出了创新角色认同可能会驱动创新行为（Fisher，2007；Petkus，2006）。一般来说，因为角色认同是在与角色一致的行为中发生效用并继续存在的（McCall & Simmons，2008），所以具有强烈创业角色认同的个体就会在职业选择上更加倾向于创业。

角色认同理论的一个重要发现，就是角色认同可能会引发与角色相一致的行为只存在于当对条件的需求与角色的扮演相一致时（McCall & Simmons，1978）。当这种一致存在时，来自环境的角色支持提供了证明自我的依据，并且更加加强了相关的认同感，从而提高相关角色行为的可能性。当与条件相关的需求与重要性较高的角色认同不一致时，则与角色一致的行为将不被重视或巩固，则该认同将受到威胁，并且认同持有者也会面临沮丧和挫败感（Burke，2001）。因为强烈持有的认同是个体自我认知的核心，而且个体会为保护他的认同感做出承诺（Burke，2001），所以在这种情境下，个体会对与该角色相关的行为表现出抵触感。

因此，可以推断，感知到的环境对创业行为的评价在创业者角色认同与其创业决策行为之间起到了调节作用。

随着角色认同的发展，个体间有意义的认同在几乎所有的社会中都扮演着重要的角色。然而，在某些社会里它会显得尤为关键，因为实现他人对自己的某种角色期待已成为产生相应行为的一种强大驱动力（Yang，1981）。这种思想认为，在中国具有强烈创业角色认同的创业者会对环境特别敏感，这种环境可能存在对该认同提出鼓励或批判的反馈。如果创业行为被尊重，那么那些具有强烈创业角色认同感的个体会特别受到激发，而这种认同感也会被强化。如果个体所从事的创业行为并不被他人肯定，那么继续该行为会让他丢掉面子，因此他会积极地避免此类行为。

从个人层次来说，个体自我的认同（Identity）决定了他的认知结果，每个人行为的主要动机，就是去发掘和建立自己独特的身份。这种个体自我概念的认同，基本上是种对于参考团体意见与经验的内化与认可。若将个体的自我概念认同进一步扩展，则可以视为对组织的价值与特性的内化与认可（林家五，2002）。研究者认为在个体层次的认知过程中，有三个重要的决定要素会影响其行为选择，分别为：①领导者的身份角色认同；②领导者对所处环境脉络的诠释；③领导者对行动的承诺性诠释。

综上可见，个体的身份角色认同是释意过程的基础，尤其是创业者的身份角色认同将是影响其如何看待与评估环境情势并做出创业决策的重要决定因素（Dohmen，2006），当创业者的身份角色认同倾向具有个人性特质比倾向具有社会性特质对个体的行为的影响更大,创业者所认同的角色特性将会影响他对环境中重要信息的筛选与诠释(林家五,2002)。例如,如果创业者认同自己是本土的创业者,则会将关注的焦点放在与本土相关的环境信息上;如果创业者认同自己是跨国的领导者,则会将焦点放在国际的环境情势上。除此之外,创业者非常在意自己过去的行为,并且会依据自己的身份角色认同对行为产生合理化的诠释(Krueger,2000,2007)。因此,我们作如下假设。

H1a:创业者开发者角色认同的水平越高,创业决策行为的水平越高。

H1b:创业者投资者角色认同的水平越高,创业决策行为的水平越高。

H1c:创业者改革者角色认同的水平越高,创业决策行为的水平越高。

3.2 创业动机、创业角色认同与创业决策行为

随着相关理论的演进,心理学理论对创业行为的研究提出了更深入的观点:个人能否成为创业者,除了与创业者个人的特质有关外,也会受到个人意愿及对自身能力认知的影响。例如成就需求的高低、对风险的承受力、内控程度,以及对不确定性的容忍度等均为重要的影响因素。在诸多学者相继指出创业机会并非公然存在,而有赖于创业者的发掘利用后,研究者进一步从认知心理学的角度切入,试图探讨创业者何以能有效发掘创业机会(Krueger,2003)。个体对创业行为的态度以及对自我效能的评价更能准确预测其创业行为的实施(叶旭荣,1994)。有的学者(Ajzen & Madden,2006)提出,知觉行为控制(Perceived Behavioral Control)反映个人过去经验和预期的阻碍,当个人认为自己所拥有的资源与机会越多、所预期的阻碍越少时,对行为的知觉控制就越强。知觉行为控制对行为意向具有动机上的含意,即如果个人认为自己缺乏资源及机会去完成某

一件事情，那么他即使对该行为持有积极的态度，或得到重要参考对象的赞成也不可能形成强烈的行为意向。故动机中对自我能力的感知因素发挥了关键作用，这也是本研究提出针对创业自我效能对创业决策行为的影响过程的探索的根本出发点。

3.2.1 动机对创业行为的影响

创业者的创业历程往往必须承受许多孤独与艰辛，所以在从事创业活动中，必须投入高度的兴趣与热情，才能度过缺乏实质奖赏，甚至屡遭失败打击的创业初期。在此前提下，若创业者怀有强烈的内在动机，则能使其在面对挑战和挫折时，依然有能力和信心与外部环境互动，并持续坚持创业行为（Deci & Ryan，1985）。Csikszentmihalyi（1975）则指出，具有强创业动机的创业者，会在创业活动中获得更多的成就感和乐趣。拥有自得其乐特质的人，往往能在日常事务中投入精力，并从中发掘出新的构想、机会或实现突破性进展。此外，他们在活动中往往能全神贯注在明确的目标上。

在创业动机方面，创业者在不确定有报酬的情况下，仍愿意超时工作，"自我剥削"。以动机的角度来说，创业者会利用视觉想象（Visual Image）的方式来维持并增强自己的动机。创业者一直想象创业成功的成果，可以帮助他们维持高动机以克服创业遇到的困难。创业者想象的成果和动机又是什么？Greenberg 和 Sexton（1988）指出，创业者考虑创业与否取决于能否获取利润。创业者主要考虑的企业报酬是利润，因此他们会在创业之前衡量未来可能获得的利润，这体现了物质主义动机。"建立个人王国的梦想""征服的雄心和战斗的冲动"及"享受创造和完成的喜悦"，这些描述包含了追求自我实现、拥有权和自主性的动机。也就是说，这一类创业的动机主要是内在满足、获得他人尊重、发现自己的能力、实际应用所学和特长等（Kirzner，1973）。以台湾创业者研究的结果来看，"自我实现"确实是最普遍的创业动机（陈耀宗，1984；陈柏松，1982；林明哲，1989）。除了追求明确的目标外，创业动机还可能源于其他因素，如在Hill和Levenhagen（1995）对13个软件行业创业者进行深度访谈后发现，创业者若是与原公司在价值观上产生冲突，且对自己的技术有信心时，他们就会自己出来创业。中国台湾学者黄炳沧（1993）通过研究发现，中国台湾创业者重视三种价值观：社会地位和权力、积极进取、出人头地。从这些价值观与创业负面后果的比较中可以看出，创业动机中的物质主义、家族主义对创业者的影响很大。

一项创业研究（张英琴，1980）发现，大部分的青少年有很高的创业动机，但是并没有落实为真正的创业行为，理由是"没有资本、创业不易成功、没有专长等"。因此，尽管青少年具有旺盛的创业动机，但并未转化为实际的创业行为，这进一步说明仅研究创业动机和创业者特质是不够的。由此也提供另外一个解读创业的角度——创业行为。学者们也指出目前创业研究已逐渐把注意力放在创业的行为与程序上，创业者的定义正逐渐从特质转向功能化，包括管理组织、承担风险、组合资源等角色和功能（许世军，1993）。因此，对创业者的争议从"特质"转向了"角色"，创业者如何通过组织的员工结合新资源来创造更大的利润。创业者并非特质的组合，而是经济社会中独立的角色，承担着经济、社会的功能。因此，从创业者的角色认同切入来探讨创业行为，或许可以更清晰地解读创业者的创业决策行为。

Oakey（2003）在进行高科技小型企业创业精神的观察及研究中，针对这些高科技创业者的未来策略提出适合及影响这些个体创业行为的变量，并指出对独立需求所形成的动机会影响创业决策行为，证实动机会对策略有显著的影响。Kisfalvi（2002）的研究结果显示，创业者对于生活的欲望，例如生存（Survival）、自由和自治（Freedom and Autonomy）及成功和成就（Success and Achievement）等，确实会反映出其对创业决策的选择；较早执行的策略（或是越急迫的策略）和大多数的生活议题相关，但是较晚执行的策略则只和部分的生活议题相关。

在创业动机与创业决策行为的关联性探讨上，有许多相关的研究皆指出不同的创业动机会对创业决策行为带来不同的影响（Ghosh & Kwan，1996）。Krauss，Frese，Friedrich 和 Unger（2005）针对248位成功的南非企业负责人进行创业起源及其事业成功的研究，结果显示创业动机会影响创业行为，并证实了创业动机对绩效也有显著的影响。Collins，Hanges 和 Locke（2004）使用整合分析的方法对创业者的成就动机及创业行为进行研究，证实成就动机会影响到其创业生涯及创业绩效。McClelland，Atkinson，Clark 和 Lowell（1953）的研究指出创业动机和创业导向是相关的；而 Elenurm，Ennulo 和 Laar（2007）根据 McClelland 等人的研究，对商科学生与一般民众的创业行为进行比较，其研究结果反映出商科学生与一般民众的创业动机和创业导向之间具有显著关系存在，从而导致商科学生和一般民众出现不同的创业决策行为。

3.2.2 创业角色认同的构成

基于角色认同理论及其相关文献，本研究提出了创业角色认同的概念来填补对创业初期创业者的心理历程的研究缺失。通过对角色认同及其测量的大量研究，可以看出角色认同是一个多维构念（Hoelter，1985）。这个观点的重要之处在于揭示了"成为一名创业者究竟指的是什么"存在多种定义。由于将认同、职业和创业等领域相结合而进行的研究较少，因此与创业角色认同相关的维度没有明确限定。相反，学者们往往把重点放在经济系统（Schumpeter，1934）和企业中（Penrose，1959）能够描述创业者角色的活动上，这些正是对角色内容的诠释，也是创业者角色的一个关键但不是唯一的维度。基于对组织认同、民族和种族认同相关文献的回顾，同时通过对用来定义创业者的关键行为的分析，我们假设创业者角色认同包含四个维度，这些维度描述了个体如何定义创业角色和与该角色的关系。其中两个维度分别聚焦于角色特征和与角色紧密相关并有助于将其定义为一种社会范畴的活动，另外两个维度指的是对角色认同价值的界定和角色对于自我概念的主观重要性。

（1）角色认同特征（Attribute）。创业角色认同的第一个要素指的是一般能将拥有创业者角色的个体区分开来的个人特征。例如，一项对从打工过渡到自己当老板的女性的研究描述了创业者的特质：创新、坚韧、活力、自主性、个人主义和冒险（Cohen and Musson，2000）。与此相反，管理者的核心特征被定义为情绪稳定、攻击性和客观性（Greenhaus & Buetell，1985）。这些特征的认知可能源自个体扮演创业者角色的直接经验、过去的工作经历及在大众媒体中塑造的理想化创业者形象。对于创业者特质的勾勒可能会因人而异，虽然已有研究尝试引导得出通用或共享的认知，如"创业者一般是什么？"（Burke & Tulley，1977）。

（2）角色认同内涵（Content）。创业角色认同的另一个维度讨论的是认同内容或者是被认为与创业角色相关的一系列活动。正如特征，创业角色认同的内容因人而异，而且对于创业活动的分类也会在新老创业者中产生差异（Delmar，Shane and George，2004）。若要理解能够包含角色认同内涵的创业行为的范畴，则必须先对已有文献中出现对创业的不同定义进行总结。创业者的早期定义主要是在承担风险和处理不确定性方面加强（Brockhaus，1982）。还有学者认为机会的识别和利用是创业者的主要活动（Shane & Venkataraman，2000；Schumpeter，1934）。这种观点的前提是资源分配不均衡，而这些资源应该得到更好地运用的认知。具体来说，经济收益来自资源的充足，并用高于并购重组成本的价格将其售出。另外一种定义是将创业等同于新企业的创建（Gartner，1985）和组织建立（Bird，1989）。如果更多地强调从执行的角度来诠释，创业者则与管理者角色的特点和活动重合。创业者的典型形象是企业的创立者，他们强调利润和企业的成长，以创新行为为主要特征，并善于运用战略管理实践（Carland et al.，1984）。因为创业反映了不同个体的定义，那么从"什么不是创业"的角度，比如非创业性质的工薪工作来分析，可以更清晰地界定创业者角色应涵盖的内容如自营就业（Self-employment）和经营家族企业（Running a Family-owned Firm）（Gimeno et al.，1997；Evans and Leighton，2009）。因为角色认同的内涵限定了个体行为的范畴（Ashforth，Kreiner & Fugate，2000），所以正确理解其内涵可以更好地预测在何种情况下能够观察到特定的创业行为。同样因为他们涉及目标和战略（Ashforth et al.，2000），所以不同的角色内涵会有不同的行为反应。例如，当个体将创业角色与创造新发明和新专利相联系时，那么他们就不会通过创建新企业来验证其角色认同。

（3）角色看待（Regard）。创业角色认同的第三个核心要素聚焦于个体对创业角色从正面到负面的评价。研究发现，个人的评价判断与社会对角色认同的看待有所不同（Sellers et al.，2008）。因此，我们将公众和个人分别考虑。公众看待指的是个人认为的公众对创业角色的评价；个人评价指的是个体对创业者群体的积极或消极的评价。这些意见很可能是由个人经验、社会关系，以及将创业视为一个重要主题的政治经济体系的认知所决定的。在对组织认同过程的研究中，Dutton等（1994）将个体感知到的组织认同和个体以组织成员身份知觉到的他人对组织的看待称作"析释的外部印象（Construed External Image）"并做出了区分，强调具有积极外部印象的组织能够强化成员对组织的个人认同。但是将感知到的公众和个人的看待进行区分也具有一定价值,因为在某种程度上对创业者的个人意见或许会偏离公众意见从而产生相应的行为结果。

(4)角色认同显著性(Salience)。认同显著性维度指的是创业者角色认同在个人的自我概念中的主观重要性。在认同文献中,两种理论视角强调了认同显著性发展的不同机制。第一个机制是基于对创业角色及其特征的认同,类似于个体和角色间的特征认同,即个体对从属于某一社会群体或角色的心理感知。在组织情境下对该过程进行讨论,Dukerich、Golden和Shortell(2002)发现,与对某组织的认同相关联的特征及其感知到的吸引力是预测个体对该组织的认同程度的重要因素。认同过程有助于解释为何在缺乏能将创业角色认同合法化的活动或互动的情况下,某些个体在创业初期仍然会对创业角色赋予极高的主观重要性。第二个机制则从符号互动论的视角出发,将认同显著性与基于某种特殊角色形成的社会关系(包括它们的数量和感知到的重要性)相联系(Stryker & Serpe,1982)。根据这一视角,某种特别的认同的主观重要性由其在构成个体自我概念的其他认同的相对位置所决定。这种认同的主观重要性在社会环境中通过该角色被倡导的可能性来体现,其发展植根于角色扮演者与角色群体中成员的互动过程中所获得的社会验证。假设一种新的角色出现,并要求他人对其表现做出反应,这正如个体需具备与该角色表现相匹配的角色认同(Goffman,1959)。因此,在某种特定的角色认同中,若失去的有价值的社会关系数量越多,个体维护这种角色认同的意愿就越强烈。在很多角色认同中能找到认同显著性和行为的联系。如Burke和Reitzes(1981)的研究表明,宗教角色认同的主观重要性会促使个体花费更多的业余时间在该角色的表现上。此外,通过实证检验,我们发现角色认同显著性与创新行为(Farmer,Tierney,Kung-Mcintyre,2003)、心理承诺(Reich,2000)和行为承诺(Charng,Pilliavin & Callero,1988;Callero,1985)之间存在一定的关联性。

虽然是以静态形式提出的，但上述创业者角色认同的四个维度实际上为我们提供了一个框架，用以解读创业者角色认同动态变化的基本组成部分。通过角色内的实践和社会交往的深化，个体会在特征和活动上逐渐与创业者角色相契合，不断更新和完善自己的创业者角色认同。这样使得创业者角色在个体的自我概念中占据更重要的位置，进而促使个体更加主动地扮演和践行这一角色，而不仅仅停留在对角色的简单认同上。

3.2.3 动机来源——创业自我效能对创业角色认同的影响

自我效能反映了个体对自己能够成功从事某种行为的信念程度，它是从社会认知视角整合行为、环境和认知三者关系的关键构念。这三者之间通过各种方式相互影响。个体的行为不仅能够改变环境而且能够影响认知（如自我效能），进而再次作用于行为。自我效能信念深刻影响着人们如何感受、思考和激励自己，以及他们的行为表现（Bandura，1993）。自我效能的影响可能贯穿于认知、激励、情感及选择等多个过程。Bandura将自我效能的产生和发展划分为四个过程。其中过去的经验是效能信息的最为重要的来源（Wood & Bandura，1989），因此，如果个体在创业环境中若拥有类似经验，其创业效能感往往较高（Zhao，Seibert & Hills，2005）。自我效能感决定了人们的动机水平，影响他们在实施行为时的努力程度和面对困难时的坚持时间。那些对自己能力充满信心的个体更愿意付出努力迎接挑战（Bandura，1989）。自我效能还影响着个体对任务的选择，人们倾向于避免承担超出自身能力范围的任务。同时，它决定了人们感受到的压力程度和设立的目标高度（Wood et al.，1989）。创业自我效能（Entrepreneurial Self-Efficacy，ESE）是指"个体对自己能够成功扮演创业者角色和胜任创业工作的信心程度（Hmieleski & Corbett，2007）"，在创业行为的实现过程中发挥重要的作用（Zhao et al., 2005）。Krueger（2007）认为，强烈的创业能力信念能够激发个体足够的动力和决心去经历创业过程的每一环节，如机会识别。Markman，Balkin 和 Baron（2002）的实证研究发现，创业成功者的自我效能显著高于非创业者。同时，创业自我效能与企业的成长也密切相关（Baum, Locke & Smith, 2001；Locke, 2000）。这表明对自己创业能力有较强信念的成功者将更容易投入大量努力，并抓住各类新机会。创业自我效能还与企业成长和潜存风险决策紧密相连（Hmieleski et al., 2007），因为承担风险是创业过程的一个基础环节。通过运用相关知识和信息，创业者对机会的识别需要深入理解创业环境并具备较高的创业自我效能水平。

综上所述，创业自我效能是创业者在创业初期形成的一种信心程度。它基于对自身以往经验、现实能力，以及所掌握的信息和知识的综合分析，来判断自己是否能够胜任创业者的角色，并有效实施创业行为。持有越强烈的创业信念，即对自己越发充满信心，创业角色认同的地位就越发突显，那么在创业过程中就越能体现勇往直前的精神，愿意付出的能力会更多，对目标的追求会更加执着，并且在遇到困难和挑战时将更加容易积极面对，从而在创业道路上走得更加长远。因此，我们做如下假设。

H2a：创业自我效能的水平越高，创业开发者角色认同的水平越高。

H2b：创业自我效能的水平越高，创业投资者角色认同的水平越高。

H2c：创业自我效能的水平越高，创业改革者角色认同的水平越高。

除此之外，创业职业选择的过程中自我效能发挥了很重要的作用，因为行为动机是在个体知觉到自己的能力是否能够执行相应活动从而成为创业者的基础上产生的。Chen 等（1998）发现，对于完成特定工作的能力信念可能对于创业者角色来说是特别的，因为它与是否愿意创建企业密切相关，并且能够将创业者和管理者进行区分。Jung（2001）等学者通过研究发现，创业自我效能与创业角色的建立和行为均具有密切关系，从而得出创业自我效能对创业行为决策的预测具有较强的指导意义。Brice（2002）在他所做的研究中进一步指出，创业行为是个体基于曾经的创业意向而引发的一种行为，由于创业自我效能与创业意向显著相关，则创业自我效能与创业行为也相关。Johnson（1990）在研究中发现，成就需要和创业行为之间显著相关，但其中的作用机制仍未得到明确结论，可能存在中介因子，或者受到一些调节变量的作用。与此同时，Collins，Hanges和Locke（2004）在对成就需要变量与创业行为各变量之间的关系进行检验时发现，成就需要确实是与创业选择显著相关的，同时也会对创业绩效产生显著影响。

创业决策行为表现为具有不同个性特质的个体，在形成了创业的初步想法后，通过识别创业机会和获取创业资源，逐渐形成各具特色的创业决策行为。这些行为不仅代表了各种类型创业活动的集合，还更鲜明地展现了创业初期个体的短期行为特征，即我们在现实生活中观察到的复杂多样的创业形态。学者们已发现创业行为特征间存在差异，但关于如何区分这些差异及使用的工具方法上还存在不足。Lumpkin和Dess（1996）指出，创业决策行为与创业意向紧密相连。基于此，我们提出将创业者的自我效能与创业决策行为相联系，即先形成一定水平的创业自我效能，进而产生创业者角色认同，最终触发相应的创业决策行为。从个人层面出发，创业自我效能催生角色认同，进而驱动创业决策行为。在此逻辑框架下，我们尝试对创业自我效能进行归纳划分，以识别不同的创业角色认同，从而更准确地反映创业自我效能对创业决策行为的预测作用。因此，我们提出以下假设。

H3a：创业自我效能水平通过创业开发者角色认同影响创业决策行为。

H3b：创业自我效能水平通过创业投资者角色认同影响创业决策行为。

H3c：创业自我效能水平通过创业改革者角色认同影响创业决策行为。

3.3 外部环境的调节作用

外部环境是影响创业决策行为的一个重要因素（Dess & Beard，1984；Miller，1987）。创业者的创业决策是在不确定条件下进行的，影响创业决策的因素众多，如个人背景、创业动机、心理特质，以及经济、社会、文化与情境等因素都有可能会影响创业者做出创业决策（李自如，黄教文，2002）。这些影响主要来源于两个方面：一是宏观环境，如宏观经济形势、产业政策、信用和市场监管、税收政策、就业保障法律、劳动力市场监管等，研究表明这些因素对创业者的职业选择具有显著的正向关系（Davidsson & Henrekson，2002；Henreksson & Johansson，1999）；二是微观环境，即与创业者紧密相关的环境，如产业动态、行业进入壁垒、所在地区的创业活跃度、亲朋好友的创业状况、社会对创业行为的政策倾向及大众对创业行为的态度和反应等，这些微观环境因素对创业行为的选择具有一定的调节作用（Chen C.C. & Greene，1998）。本研究主要聚焦于微观环境中的创业价值感知，即创业者所感知到的社会环境对创业行为的评价，以及创业者社会网络的支持情况对创业决策行为机制产生的调节作用。创业价值感知是创业者能够感受到的社会环境对创业行为的反应和评价、是一种社会和文化结构，反映了不同文化、思想和政治经济背景下人们的价值观、符号和历史（Weinstein，1980），它常被视为一个认知过程或心理范式，是研究人们感知价值的重要途径（Slovic & Krimsky，1992）。创业者社会网络对于创业决策行为的调节作用也备受关注，例如 Hoang 和 Antoncic（2003）从网络关系的内容（Content）、治理（Governance）及结构（Structure）三方面探讨了社会网络对创业决策行为的影响。在本研究的模型构建中，我们假设创业价值感知在创业角色认同与创业决策行为之间起到调节作用，同时创业者社会网络在创业自我效能与创业角色认同之间也发挥调节作用。

3.3.1 创业价值感知的调节效应

社会文化等因素是创业者在确定投资方向、产品改进与革新等重大经营决策问题时必须纳入考虑的因素。不同的国家有着不同的主导文化、亚文化群、社会习俗和道德观念，这些因素均会深刻影响对创业行为的评价。因此，社会行为准则、社会习俗、社会道德观念等文化因素在创业者角色认同对创业者的创业决策行为的影响过程中扮演着重要角色。

从感知观的视角出发，个体决定是否开展创业行为，往往基于其对相关领域、相关社会关系对该行为可能做出的合理反应的预测（Drazin et al., 2000；Ford，1996）。如果创业者预计会得到负面反应，他们可能会拒绝或抵触该创业行为（Ford，1996）。由于那些对创业角色有强烈认同感的创业者注重环境对于创业价值的反馈，他们对他人的看法和评价高度敏感。相较于有形报酬的损失，他们更忧虑的是风险感知的增强或认同感的丧失。如果这些创业者感知到环境对创业行为持不接纳态度，他们可能会认为创业行为会给他们带来负面反馈，暗示他们缺乏价值或不受重视。相反，那些创业角色认同感较弱的个体，由于并不积极努力成为创业者，因此他们并不关注家人、朋友等社会关系是否珍视其创业行为。感知到的创业价值是创业环境的一个重要组成部分，它不仅能为创业行为提供支持（Amabile，1988），而且也在多个领域的研究中被证实与创业绩效相关联（Amabile et al.，1996）。基于这些研究发现，我们可以推断，当创业者感知到社会环境对创业行为高度重视且态度积极时，这种感知会激活或强化他们的创业角色认同，进而驱使他们采取与认同相一致的行为。反之，如果拥有强烈创业者角色认同的个体发现其想法和行为并未获得关注和赞赏，甚至得到负面反馈，他们可能会考虑放弃在创业道路上的进一步探索。

当角色认同与角色行为取得一致时，来自环境的角色支持可以提供自我验证和确认相关认同的依据，从而进一步增加相关角色行为的可能性。当环境要求与个体重要的角色认同出现矛盾时，相应的角色行为往往不会被重视或肯定，这会导致角色认同受到威胁，使角色拥有者感到不安和压力（Burke，1991）。

从制度理论的视角也可以得到一致的结论。制度是通过参与者不断互动所形成的共同行为准则，而处于该制度的个体受到结构的规范。制度理论中的正当性或合法性机制对于创业过程产生的影响很深。制度理论所强调的正当性机制，不仅包括法律的正当性，还包括文化制度、观念制度、社会期待等一系列正当性（周雪光，2003）。例如生物科技企业创业者在进行技术创新时，需要被广为接受与认可，只有立足市场，才能被顾客、供应商所认可，也代表新创企业具有创造顾客价值的能力，从而这种创业决策行为受到社会肯定。此外，Aldrich和Fiol（1994）提出将合法性分为认知合法性与社会政治合法性两类。第一类指的是新创概念知识的扩散，可通过竞争者、分销商、朋友及同学等伙伴关系来达到新概念的创造。例如20世纪70年代个人电脑的出现并未获得社会广泛关注，但通过家庭与学校的使用与扩散后才逐渐建立起认知合法性。第二类指的是创业者要严格遵守规则与标准的要求，才能获得利益相关体的接纳，所以创业者对于社会环境对创业价值判断的感知会成为创业合法性的一个重要体现。由此可得，创业价值感知对创业者角色认同对创业决策行为所发生的作用产生调节作用，当社会环境对于创业行为的价值肯定越强烈，创业者对于该行为的合法性感知越强烈，则越能促进创业决策行为的形成。因此，我们做如下假设。

H4a：相对于低水平的创业价值感知而言，高水平的创业价值感知更有利于增强创业开发者角色认同对创业决策行为的影响程度。

H4b：相对于低水平的创业价值感知而言，高水平的创业价值感知更有利于增强创业投资者角色认同对创业决策行为的影响程度。

H4c：相对于低水平的创业价值感知而言，高水平的创业价值感知更有利于增强创业改革者角色认同对创业决策行为的影响程度。

3.3.2 创业者社会网络的调节效应

社会网络的概念最早可以追溯到社会学与人类学领域的研究。Mitchell（1969）为社会网络给出定义，即：某一群体中个体间特定的联结关系，包括正式与非正式的人际关系。换句话说，网络就是点（Nodes）与点之间经过连线所构成的结构，其中所谓的点可以为个体、团队或组织的一种（Borgatti & Foster，2003）。Kristiansen（2004）认为社会网络是由核心行动者（Actors）与其他熟识者之间通过正式与非正式的联结所构成的。周雪光（2003）指出社会网络理论发展的两种思路：一种是以德国社会学家 Simmel 为首的制度与结构观点，探讨焦点集中于个人与群体的互动关系；另一种为功利思路，重点讨论个人如何通过社会网络来获取资源与地位，如 Coleman（2000）从理性角度出发，分析个人如何从网络关系中获得利益，以及 Burt（1992）将网络关系模式化，提出了知名的"结构洞（Structural Holes）"的概念。Davidsson 和 Honig（2003）指出社会网络在创业研究模型中可以作为因变量或自变量，前者以动态观点探讨创业过程中社会网络的演进过程，而后者则旨在探讨社会网络是如何影响创业过程的。

Dollingers（2003）用"个人网络"与"延伸网络"将社会网络关系

分成两类：个人网络是指创业者直接接触的人际关系，包括朋友、家人、关系密切的同事、老师及其他相关人员；而延伸网络则指企业与企业之间的正式关系。创业者可以通过与投资伙伴、经理人、供应商、顾客以及其他利益关系人之间跨越边界的活动，来维护和拓展这些网络。Greve 和 Salaff（2003）通过追踪创业过程中创业者的社会网络活动，并对源自四个国家的实证资料进行分析得出结论：在创业的第一阶段（构想产生），创业者并没有积极与网络成员讨论构想及发展关系；到了第二阶段（规划），就开始对网络数量与活动进行扩充，这是在网络发展与维持方面投入最多时间与精力的阶段；在第三阶段（建立企业），又会降低社会网络成员的数量，精力主要集中在核心及重要成员的维持。

Granovetter（1973）提出联结强度的概念，并提出通过"接触的频率、关系的情感密度、熟悉程度与行动者的互惠承诺"四项指标来衡量联结强度，并将其分为强联结（Strong Ties）和弱联结（Weak Ties）两类。强联结指的是以长期关系来联结的熟悉的社会关系，例如亲近的朋友与家人，其优点是能够提供有价值的信息及快速获取关键资源，从而降低监控与谈判成本；缺点是若网络成员的同质性很高，则信息的重复性也会相应增加。而弱联结指的是松散及非情感性的联结，其好处是增加了接收新信息以及认识新朋友的机会，同时也为建立新的联结关系提供了很好的平台。

社会网络对于创业自我效能与角色认同之间的关系也具有一定的影响作用。

首先，社会网络为创业者获得信息提供了便利，使得处于信息传递网络媒介的个体能够更早更快地获得各类信息（Burt，2000），个体对信息的吸收速度得到了提高，比他人更快更早地获得信息，使得创业者对在某一特定领域的知识领域更加自信（De Carolis，2006）。与此同时，创业者认为通过持续依靠在社会网络中已经建立的地位优势和信息优势，他们可以顺利实现对结果和不确定性因素的控制。

其次，关系信任已经成为一种期望资产，拥有这种资产使得创业者对无法预知的未来充满信心。挖掘和实现一个新的创意存在一定风险，也需要人力、物力、财力及其他资源的大量投入，在此过程中创业者可以依赖社会网络获得所需资源，又能获得情感支持。而不能忽视的是，信任是一把双刃剑，在令创业者对未来充满信心的同时，会导致创业者的过度自信。由于创业者一般会认为来自信任的网络成员的信息更为准确，所以当获得信息后往往不去核实其准确性，从而可能高估信息的正确性而盲目自信，或者减少其他信息源（De Carolis，2006）。这种只关注已有社会网络中关系最紧密的部分的行为，往往会限制信息的充分流动，再加上对信息来源的信任使得可依赖的信息源的减少，从而在决策过程中会更倾向于运用代表性法则。

最后，社会网络成员间通过长期交往而形成的共同规范和语言也会对创业者的认知过程产生影响（De Carolis，2006）。因为社会网络成员之间一直在进行互动交流，所以彼此间所掌握的资源和思维模式一般也是相互联系的（Burt，2000）。在创业者自己的社会网络中，网络成员之间通常拥有相似的世界观、想法和态度等，在规范和语言方面达成共识。这些交往过程中形成的共同的规范和语言为实现知识和信息的共享提供了平台，也令网络成员在对知识和资源进行共享时更加轻松方便。对各类信息交流和整合的能力决定了知识创新的程度，而在个体整合信息的过程中共同语言发挥着重要的作用。但从另一个角度来说，共同语言很容易造成创业者自发性地过滤信息，也就是忽视成员间意见和态度的分歧和不一致，选择性地只接受那些共同感知范围内的信息，在扭曲了信息的真实性的同时，也容易引发创业者的过度自信，即对情境感知的高估（De Carolis，

2006）。同样的，对社会网络中建立的共同规范和语言的依赖也会使得创业者控制错觉发生的概率相应提高。

在转型经济背景下，社会网络在机会信息传递等方面所发挥的作用尤为突出（Boisot & Child，1996；Peng，2003；Peng & Heath，1996；Xin & Pearce，1996），这是由于机会信息格式化程度比较低，常常以具有不统一、不透明、不通畅为特征的非格式化形式（Un-codification）分散于经济系统中，很难通过市场途径进行有效流动和传递（Boisot & Child，1996），所以从社会网络获得信息和资源的可能性会成为更有效的途径。由于创业活动具有极高的不确定性和风险性，所以创业者从创业意向的产生，到最终形成创业决策，都需要依赖于与社会网络的交流和互动。社会网络不仅可以提供能够让创业者信服并采纳的机会信息，也会为创业者创业决策行为的可行性进行分析讨论，所以创业者在对自己具备实施创业行为的能力有一定的信心的基础上，如果能够从社会网络中获得更多的资源方面或情感方面的支持，那么他对于创业成功的预期就会大大加强，形成创业角色认同的可能性也相应提高。相反，虽然创业者对于自己创业的能力很有信心，但来自社会网络的负面反馈或者信息和资源的供给匮乏，也会对创业者角色认同的形成产生一定的抑制作用，则创业自我效能与创业者角色认同之间的相互关系将明显减弱。

H5a：相对于低水平的创业者社会网络而言，高水平的创业者社会网络更有利于增强创业自我效能对创业开发者角色认同的影响程度。

H5b：相对于低水平的创业者社会网络而言，高水平的创业者社会网络更有利于增强创业自我效能对创业投资者角色认同的影响程度。

H5c：相对于低水平的创业者社会网络而言，高水平的创业者社会网络更有利于增强创业自我效能对创业改革者角色认同的影响程度。

3.4 本章小结

在本章我们讨论了研究的整体结构模型、各变量之间的关系,并提出了具体假设,本研究的概念模型如图 3-1 所示,基本假设列表如表 3-1 所示。

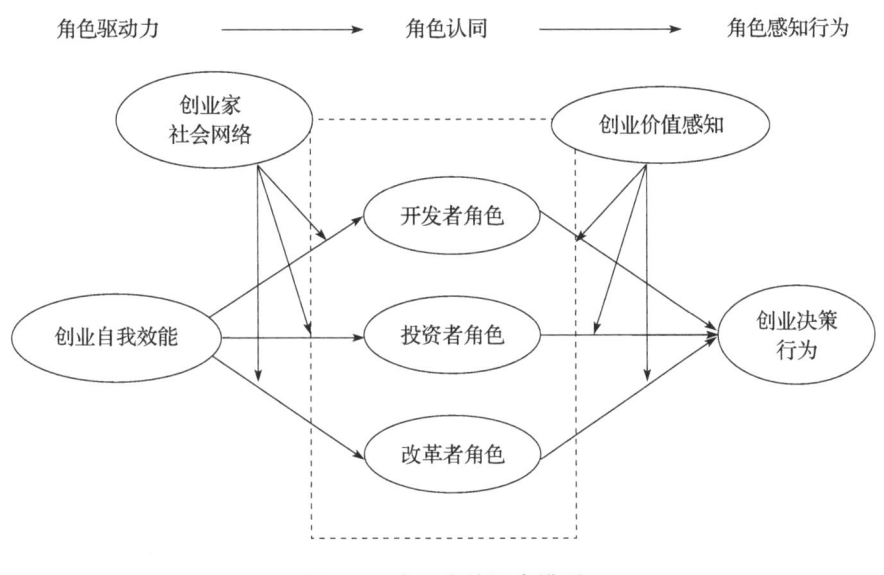

图 3-1 本研究的概念模型

表 3-1 基本假设列表

H1a:	创业者开发者角色认同的水平越高,创业决策行为的水平越高
H1b:	创业者投资者角色认同的水平越高,创业决策行为的水平越高
H1c:	创业者改革者角色认同的水平越高,创业决策行为的水平越高
H2a:	创业自我效能的水平越高,创业开发者角色认同的水平越高
H2b:	创业自我效能的水平越高,创业投资者角色认同的水平越高
H2c:	创业自我效能的水平越高,创业改革者角色认同的水平越高

续表

H3a：	创业自我效能水平通过创业开发者角色认同影响创业决策行为
H3b：	创业自我效能水平通过创业投资者角色认同影响创业决策行为
H3c：	创业自我效能水平通过创业改革者角色认同影响创业决策行为
H4a：	相对于低水平的创业价值感知而言，高水平的创业价值感知更有利于增强创业开发者角色认同对创业决策行为的影响程度
H4b：	相对于低水平的创业价值感知而言，高水平的创业价值感知更有利于增强创业投资者角色认同对创业决策行为的影响程度
H4c：	相对于低水平的创业价值感知而言，高水平的创业价值感知更有利于增强创业改革者角色认同对创业决策行为的影响程度
H5a：	相对于低水平的创业者社会网络而言，高水平的创业者社会网络更有利于增强创业自我效能对创业开发者角色认同的影响程度
H5b：	相对于低水平的创业者社会网络而言，高水平的创业者社会网络更有利于增强创业自我效能对创业投资者角色认同的影响程度
H5c：	相对于低水平的创业者社会网络而言，高水平的创业者社会网络更有利于增强创业自我效能对创业改革者角色认同的影响程度

第 4 章
研究方法

基于上一章提出的研究假设关系，本章主要围绕研究方法的选择、样本数据的收集、信度与效度的检验及数据分析方法的介绍而展开。一项规范有效的研究是与选择科学的研究方法分不开的，这是实现研究价值的基础和前提，故在对各种研究方法进行分析梳理之后，本研究选取了最为合适、最为符合研究目的的研究方法，下面将进行详细的介绍。

4.1 样本与数据收集

4.1.1 初始量表的来源

为了对研究模型进行很好的预测，在量表的选择问题上，本研究没有根据研究需要自主开发新的量表，而是直接采用国外已经运用成熟的测量工具。若同一研究构念可以通过多个量表进行测量，则本研究通过信度分析来进行筛选。量表的信度是指测量结果的内部一致性程度，信度分析可以用来检验量表测量的可靠性，所以在选择量表的过程中会考虑：①通过对比 Cronbach 的一致性系数（α系数）来对量表信度进行分析，根据 Ferry 等（1980）提出的要求，选取 α 系数值高于 0.7 的指标；②对问卷开发的时间等影响因素进行分析，例如，对于创业自我效能的测量，基于中国转型经济的特殊背景，尽可能选取近期针对亚洲国家的相关研究所选用的量表。在对所选择的工具通过专家咨询、文献整理和半开放式问卷等手段进行修正后，引入本研究中加以使用，同时对要测量的构念的维度通过验证性因素分析来进行确认，并对量表的信度与效度进行检验，从而对进一步开展后续研究做好铺垫。

研究量表采用李克特5点量表,填答者在理解每一道问题的基础上,根据其实际情况与题项所描述的内容的符合程度,在"完全不同意"到"完全同意"之间做出相应选择,同时每个题项被赋予了1分至5分的分值。根据研究的内容和意图,测量量表均为客观问题,量表内容包括三个部分:第一部分为被试者的个人和企业基本情况,第二部分包括创业者的创业动机和创业行为两方面,最后一部分为创业价值感知、创业者社会网络和角色认同的情况。本研究对创业决策行为的测量量表修改自Terrence, Brown(2001)和Cox等人(2002)的研究,包括6个题项,用来反映创业者决策行为的结果。创业自我效能的量表修改自Jennifer, Stephen(2007)的研究和Chen等人(2009)的研究,用来反映创业者在创业初期对自身创业能力的信心程度包括5个题项。创业者角色认同的量表修改自Callero等人(1987)和Charles(2007)的研究,用来反映创业者对于开发者角色、投资者角色、改革者角色所产生的认同感程度,包含3个题项。创业价值感知包括3个题项(Steven M. Farmer, Pamela Tierney & Kate Kung-McIntyre, 2003),创业者社会网络包括1个题项(Jennifer, Stephen & Jeffrey, 2007)(具体题项见附表)。

4.1.2 量表题项的修正过程

4.1.2.1 量表题项的初译

本研究所使用的初始量表来自国外的研究,都是以英文编制的,所以首先要结合文献回顾对创业者动机、创业角色认同及创业决策行为等相关概念和研究内容的理解,将量表题项进行初译;再由英语专业研究人员协助修正;最后根据相关领域的国外学者的指导,在对各题项进行初译时尽量选用符合中国经济文化背景的语境和能够让被访者较容易理解并接受的表达方式。

4.1.2.2 专家咨询

本次问卷发放对象主要是面向正在创业或曾有创业经历的创业者。由于该群体的特殊性，所以需要对问卷进行进一步完善。一方面需要对问卷题项的描述方式进一步修正，使针对诞生于中国转型经济社会的创业者的各个题项能够符合我国创业者的实际情况，这样创业者在填答问卷时才会有足够的耐心，若题项的描述与创业者所处环境的实际情况差距太大则会影响其填答兴趣和准确性。另一方面问卷题项的内容也需要进一步补充或精简，这样才能有效地获取数据。通过咨询专家对问卷题项的表达方式和题项内涵进行有针对性的调整。专家由两部分组成：一部分为企业管理和组织领域的学者，他们不仅对相关理论有很深入的了解，也积累了大量的与创业相关的企业管理咨询实践经验，所以可以为问卷题项的修正提出宝贵意见；另一部分专家则是在实践领域卓有成就的创业人员，对于是否贴近创业者这一特殊群体的实际情况的判断题项，他们可以提供很切实的帮助。专家们认真阅读题项，他们用最容易理解亦最能准确表达创业心路的语言来对题项进行描述；同时对于创业者角色认同的分类，专家们也给出了很多宝贵的意见和建议，最终问卷在题项的表述方式上得到了进一步的完善，更能与创业者群体的认知环境相契合。

4.1.2.3 初始量表使用前的调研

为了检验完善后的问卷是否能够得到预期的填答效果，并进一步了解创业者主体对问卷的反馈，2010年3月在河北省保定市选取了10名创业者进行量表的预测评，与调研的创业者进行深度访谈。首先就问卷题项的内容是否存在表达重复或语义不清的情况进行征询，改用他们能够理解并熟悉的描述方式来对题项进行调整及修正；另外，根据收集的样本数据对问卷填答的效果进行初步检验，如是否在某些题项上有明显的填答倾向、各要素间之间的区分度是否显著、数据结果是否有明显的偏差或过于集中。

4.1.2.4 量表的生成

经过上述几个步骤的修正和完善，本研究所采用的题项和量表得以最终形成（见附录）。本量表采用李克特 5 点量表，下面将对该量表构成各要素的题项进行简单介绍。

创业决策行为（EDB）：反映在面对存在不确定性的环境下，创业者做出的开发、投资或改革等决策行为。测量量表修改自 Terrence and Brown（2001）和 Cox 等人（2002）的研究，包括 6 个题项，分别为：相对于成熟产品的经营，更为注重产品创新、技术领先和研发（EDB1）；找寻有价值的机会要比资源的利用更为重要（EDB2）；在与对手的竞争中，经常先于竞争对手采取行动（EDB3）；把新产品、新的操作技术和新的管理技能作为竞争的首要手段（EDB4）；强调灵活适应变化的环境，不用过多考虑以往经验（EDB5）；面对不确定性时倾向于迅速、大胆地采取果断行动（EDB6）。

创业自我效能（ESE）：指的是个体对于自己能够成功扮演创业者角色或完成创业活动的信心强度（Boyd and Vozikis，1994；Scherer et al.，1989）。本研究根据 Jennifer 和 Stephen（2007）的研究和 Chen 等人（2009）的研究，通过修正得到创业自我效能量表，包括 5 个题项：我能够为创业找到产品、服务所需要的市场信息（ESE1）；我能够产生独特的新想法，从而推出新产品或改进已有产品（ESE2）；我能够与具备资金等创业资源的人建立并发展好关系（ESE3）；我能够有效地进行成本控制和风险管理（ESE4）；我能够在充满压力和不确定性的环境下做出有效决策（ESE5）。

创业角色认同指的是创业者将自己投入具有某种自我认同的创业角色中，这个过程往往会伴随对某种角色的激情出现。本研究使用的创业者角色认同的量表修改自 Callero 等（1987）与 Charles（2007）的研究，因为由三种角色认同构成，即：①开发者角色——创业者的创业激情来自对新的机会的识别、创造和开发活动；②投资者角色——创业者的创业激情来自为了利用机会并使其商业化而建立新的事业的活动；③改革者角色——创业者的创业激情来自与培养、发展和扩大已经建立的事业相关的活动，所以量表包括三个部分。第一部分包括 3 个题项：我一直都向往成为一名开发者（IR1）；对于成为开发者我有很明确的概念（IR2）；对我来说开发者是个人身份的一个重要组成部分（IR3）。同样，第二部分也包括 3 个题项：我一直都向往成为一名投资者（FR1）；对于成为投资者我有很明确的概念（FR2）；对我来说投资者是个人身份的一个重要组成部分（FR3）。最后，第三部分也包括 3 个题项：我一直都向往成为一名改革者（DR1）；对于成为改革者我有很明确的概念（DR2）；对我来说改革者是个人身份的一个重要组成部分（DR3）。

环境的调节作用主要来自两方面，一是创业价值感知，二是创业者的社会网络。

创业价值感知。对该变量的设计，本研究参考 Farmer，Tierney 和 Kate（2003）的研究设计，选用以下 3 个指标作为创业价值感知的度量指标：我的亲朋好友认为创业对我很重要（PVE1）；我的亲朋好友对于我是否能够创业很关注（PVE2）；周围许多人认为我有创造力，从而希望我能够创业（PVE3）。

创业者社会网络。反映了由创业者与其他熟识者之间通过正式与非正式的联结所构成的关系网（Kristiansen，2004）。本研究参考 Jennifer，Stephen 和 Jeffrey（2007）的变量设计，将用两个指标来描述创业者社会网络的情况，一个指标是指强关系的支持，测量方法通过询问被访者"在资金、信息和技术等方面，父母、丈夫或妻子、兄弟或姐妹、其他亲戚、好朋友提供了很大的支持",若被访者的选择为"完全不同意"或"不太同意",则在该项上的得分为"0",若答案为"很难说、基本同意或完全同意",则该项得分为"1",通过对以上5类强关系的得分进行加总得到的总分即为强关系指标得分。另一个指标指的是弱关系的支持,同理,通过询问被访者"在资金、信息和技术等方面,同事、熟人、银行、社会组织、风险投资者提供了很大的支持",若被访者的选择为"完全不同意"或"不太同意",则在该项上的得分为"0",若答案为"很难说、基本同意或完全同意",则该项得分为"1",通过对以上5类弱关系的得分进行加总得到的总分即为弱关系指标得分。

4.2 有效样本结构

为了体现样本的多样性和代表性,本研究通过各种社会网络、正式和非正式途径,从我国的东部、西部、南部和北部地区分别选取有代表性的省(自治区、直辖市)作为样本来源,包括北京、上海、浙江、吉林、辽宁、内蒙古、陕西、河北和山东等,选取约400位创业者,从2010年5月到2010年10月共陆续发放360份问卷,回收250份,回收率达到69%。在回收的问卷中,因30份问卷出现明显填写错误或填写不完整的情况,故将这些视为无效问卷。最终得到的有效问卷共220份,有效问卷的回收率为61%。我们对早期回收的问卷与最后回收的问卷在创业者年龄、公司成立时间和员工数等关键变量上做卡方分析,从而保证数据并不存在无回应偏差(Non-response Bias),结果显示两组问卷提供的数据并不存在显著差异,说明样本数据不存在显著的无回应偏差问题。表4-1是本研究的数据样本对创业者在创业时的年龄、文化程度、行业、员工人数等变量的描述性统计分析。

表 4-1 有效样本结构

	数量	百分比 /%
创业者年龄		
25 岁以下	10	4.5
26～35 岁	32	14.5
36～45 岁	118	53.6
46～55 岁	55	25.0
56 岁以上	5	2.4
总和	**220**	**100**
文化程度		
高中及以下	59	26.8
专科	81	36.9
本科	44	20.0
硕士	26	11.8
博士及以上	10	4.5
所属行业		
制造业	49	22.3
商贸	42	19.1
科技	51	23.2
金融	8	3.6
服务	61	27.7
其他	9	4.1
员工人数		
小于 10 人	22	10.0
11～30 人	89	40.5
31～50 人	43	19.5
51～100 人	19	8.6
101～200 人	16	7.3
200 人以上	31	14.1
总和	**220**	**100**

4.3 信度与效度检验

4.3.1 哈曼单因素检验

虽然本研究在研究设计和统计方法上采取了相应措施，以求尽可能避免因同源误差对研究结果产生的影响。例如，在研究设计方面，我们始终保持问卷的匿名性、提醒受访者答案没有对错之分、问题设计力求简洁明确，并设置了反向问题，以规避答题过程中的惯性思维。然而，基于单一被试填答的问卷收集的数据信息，难以完全避免同源偏差（Common Method Variances，CMV）。为减轻这一问题的影响，本研究采用了哈曼（Harman）单因素检验法，以评估所收集的调查数据中同源误差的情况（Podsakoff & Organ，1986）。具体方法是，对所有题项进行共同因子分析，旋转前提取的第一个主成分反映了同源误差的程度。在本研究中，通过将所有构成因变量和自变量的题项纳入共同因子分析，结果显示五个因子能够解释总变异量的67.85%，而第一个因子只解释了总变异量的14.36%。这一结果表明，没有任何一个单独的因子能解释变异量的绝大部分，因此，本研究数据中的同源误差问题并不显著。

4.3.2 探索性因子分析

为了理解测量结果的内在含义，建构效度（Construct Validity）作为衡量能否准确反映理论或概念内涵和特质的重要指标之一显得尤为重要。最常用的检验建构效度的统计方法是因子分析（吴明隆，2003）。

在检验建构效度时，首要步骤是对测量过程的整体布局、项目的分配与构成及项目间的相互关系进行详细阐述。随后，采用因子分析等方法，从收集到的样本数据中提炼出核心构思,进而分析测量过程中建构效度情况。本文采用因子分析法对所使用量表的建构效度进行了检验。

首先,通过 Cronbach's α 系数对量表进行了内部一致性检验,以评估其信度。各变量的测量量表信度分别为:创业自我效能(α=0.800)、创业开发者角色认同(α=0.715)、创业投资者角色认同(α=0.693)、创业改革者角色认同(α=0.688)、创业决策行为(α=0.701)、创业价值感知(α=0.892)。此外,进一步检验了问卷的内容信度,通过对每个题项与其所属变量进行相关性分析,发现 CITC(内容信度)值均达到要求,表明本研究采用的量表具有较好的信度。

其次,通过 KMO(Kaiser-Meyer-Olkin)检验与巴特利特球形检验(Bartlett's Test of Sphericity)来验证量表是否适合进行因子分析。KMO 是一种取样合理性的评价方法,KMO 值越大,表示项目间的共同因素越多,越适合进行因子分析。根据 Kraiser(1974)的建议,若变量的 KMO 值低于 0.5,则不适合进行因子分析(吴明隆,2003);巴特利特球形检验是对整个相关矩阵的检验,其零假设是相关矩阵为单位阵。若不能拒绝该零假设,则需重新考虑因子分析方法的使用(郭志刚,1999)。根据表 4-2 的结果分析如下。

表 4-2 变量的 KMO 与 Bartlett 检验

Kaiser-Meyer-Olkin Measure of Sampling Adequacy.(KMO)		0.719
Bartlett's Test of Sphericity	卡方估计(Approx. Chi-Square)	1573.606
	自由度(df)	253
	显著性(Sig.)	0.000

通过对中介变量和自变量的量表进行检验,得出 KMO 值为 0.719,这表明样本数据适合进行因子分析;另外,巴特利特球形检验的 χ^2 统计值的显著性概率为 0.000,远小于 0.01 的显著性水平,因此可以拒绝数据的

相关系数矩阵为单位阵的假设,进一步确认了数据之间存在显著的相关性,这再次证明了样本数据适合进行因子分析,因子解释的变异量详见附录B。

最后,我们对因变量、自变量、中介变量及调节变量包含的所有题项进行了探索性因子分析(Exploratory Factor Analysis,EFA),通过Varimax正交旋转后,得到特征值均大于1的堆积图。基于这一分析,我们对23个题项进行了因子提取,所有因子的载荷均大于0.59,这一结果与我们研究设计的五因子结构相吻合,如表4-3所示。

表 4-3 题项及因子分析结果

变量与题项	编码	CITC	\multicolumn{5}{c}{Varimax 旋转后因子载荷}
			F1	F2	F3	F4	F5
中介变量							
开发者角色认同(IR)							
Cronbach's Alpha(α)=0.715	IR1	0.685	0.581				
Callero et al., 1987	IR2	0.739	0.613				
Charles et al., 2007	IR3	0.756	0.762				
投资者角色认同(FR)							
Cronbach's Alpha(α)=0.693	FR1	0.907		0.910			
Callero et al., 1987	FR2	0.841		0.853			
Charles et al., 2007	FR3	0.877		0.807			
改革者角色认同(DR)							
Cronbach's Alpha(α)=0.688	DR1	0.785			0.737		
Callero et al., 1987	DR2	0.849			0.850		
Charles et al., 2007	DR3	0.829			0.838		
自变量							
创业自我效能(ESE)	ESE1	0.737				0.766	
Cronbach's Alpha(α)=0.800	ESE2	0.785				0.783	

续表

变量与题项	编码	CITC	\multicolumn{5}{c}{Varimax 旋转后因子载荷}
			F1	F2	F3	F4	F5
Jennifer & Stephen, 2007	ESE3	0.855				0.840	
Chen et al., 2009	ESE4	0.724				0.698	
	ESE5	0.819				0.801	
调节变量							
创业价值感知（PVE）	PVE1	0.750					0.724
Cronbach's Alpha(α)=0.892	PVE2	0.843					0.836
Farmer et al., 2003	PVE3	0.829					0.779
因变量							
创业决策行为（EDB）	EDB1	0.807					
Terrence & Brown, 2001	EDB2	0.892					
Cox et al., 2002	EDB3	0.850					
	EDB4	0.819					
	EDB5	0.836					
	EDB6	0.872					
控制变量	\multicolumn{7}{l}{创业者年龄、文化程度、性别、员工人数}

4.3.3 验证性因子分析

在对研究假设进行验证前，我们要先对测量模型的结构效度和聚合效度进行验证，采取的方法是验证性因子分析法（Confirmatory Factor Analysis，CFA）。验证性因子分析指的是根据前期构建的模型，对样本数据运用极大似然法（Maximum Likelihood，ML）进行参数估计，对于模型拟合程度的优劣，验证性因子分析通常采用以下几种主要参数来进行判断（王岚，2009）。

4.3.3.1 绝对拟合指数

通过这类指数可以比较实际数据构成的协方差矩阵和模型期望的协方差矩阵之间存在的差异程度，也就是对模型的绝对拟合水平的反应。常用的绝对拟合指数有χ^2/df、GFI、AGFI 等。

（1）拟合优度的判断值（χ^2/df）。

拟合优度的卡方检验是最为常用的拟合指标（χ^2），卡方检验其实是对"拟合劣度"的评价，因为卡方值越小说明模型的拟合程度越好，而对于模型拟合优度的判断则通过卡方与自由度的比值来实现。一般来说，若卡方与自由度的比值（χ^2/df）小于 5，则说明假设模型和实际数据的拟合程度较好，而大于 5 就表示拟合程度不好。

GFI 和 AGFI：GFI 是拟合优度指数，AGFI 是矫正拟合优度指数，它们是判断模型是否合理的总体指标，取值范围为 0～1，其中，越接近 1 即表示模型的整体拟合优度越好。一般认为，若该值大于 0.90，则表示模型拟合得很好。

（2）拟合优度指数（GFI）。

指数 GFI（Goodness of Fit Index）的计算公式是：

$$\text{GFI} = 1 - \frac{\hat{F}}{\hat{F}_b} \quad (4\text{-}1)$$

其中$\hat{F}$是差异函数（Discrepancy Function）的最小值，$\hat{F}_b$是F_b是在$\sum = 0$的条件下得到的拟合函数值。GFI 值通常介于 0 和 1 之间，其中 1 表示完全拟合。一般认为当 GFI 值大于 0.9 时即表示输入的观测数据能够较好地拟合所构建的模型。

（3）调整后的拟合优度系数（AGFI）。

AGFI（Adjusted Goodness of Fit Index）旨在检验模型中的自由度，其计算公式：

$$AGFI = 1-(1-GFI)\frac{d_b}{d} \qquad (4-2)$$

其中，$d_b = \sum_{g=1}^{G} p \times (g)$，AGFI 的最大值是 1，说明拟合程度非常好。但与 GFI 不同的是，AGFI 的最小值不一定是 0，一般来说，当 AGFI 的值大于 0.9 时认为输入的观测数据能够较好地拟合所构建的模型。

（4）近似均方根误差（RMSEA）。

RMSEA 指的是近似误差的均方根，一般当 RMSEA 值小于 0.10 时，则认为模型的拟合程度较好，它的计算公式为：

$$RMSEA = \sqrt{\hat{F}_0 / df}, \quad \hat{F}_0 = \max\left\{\frac{\hat{F}-df}{N-1}, 0\right\} \qquad (4-3)$$

一般情况下，若 RMESA 值小于或等于 0.05 时，并且满足 RMSEA 的 90% 置信区间上限小于或等于 0.08 的情况下，认为输入的观测数据能够较好地拟合所构建的模型。

4.3.3.2 相对拟合指数

这类拟合指数反映了观测模型与期望模型的相对拟合程度，其中应用较为广泛的指数包括比较拟合指数（CFI）、递增拟合指数、规范拟合指数（NFI）以及非标准拟合指数（NNFI 或 TLI）。这些指标主要通过对目标模型与一个基本模型（可以是独立模型或饱和模型）的拟合程度进行比较来检验所构造模型的整体拟合程度。

（1）规范拟合指数（NFI）。

NFI（Normal Fit Index）的计算公式为：

$$NFI = \Delta_1 = 1 - \frac{\hat{C}}{\hat{C}_b} = 1 - \frac{\hat{F}}{\hat{F}_b} \qquad (4-4)$$

其中，$\hat{C} = n\hat{F}$ 指的是估计模型的最小差异值，而 $\hat{C}_b = n\hat{F}_b$ 指的是基本模型的最小差异值。

有两种指数 NFI 和 NNFI，其中 NFI 是规范拟合指数，而 NNFI 是不规范拟合指数，它们都是通过计算构造模型的卡方值和独立模型的卡方值，然后将二者进行比较，从而对估计模型的拟合程度进行评价的指标。其取值范围为 0～1，越接近 1 则说明构建的模型越理想，若大于 0.90 则表明输入的观测数据能够很好地拟合所构建的模型。

（2）Tucker-Lewis 指数（TLI 或 NNFI）。

Tucker-Lewis 指数的计算公式为：

$$\text{TLI} = \rho_2 = \frac{\frac{\hat{C}_b}{d_b} - \frac{\hat{C}}{d}}{\frac{\hat{C}_b}{d_b} - 1} \tag{4-5}$$

TLI 的取值范围是 0～1，但并不完全局限于这个区间，TLI 的取值也是越接近于 1 表明模型拟合得越好。

（3）比较拟合指数（CFI）。

比较拟合指数 CFI，也是旨在通过将观测模型与独立模型进行比较来评价模型的拟合程度，取值范围依然为 0～1，同样，若 CFI 值大于 0.90，则说明输入的观测数据能够很好地拟合所构建的模型。

CFI（Comparative Fit Index）是由 Bentler 在 1990 年提出的，它的计算公式如下：

$$\text{CFI} = 1 - \frac{\max(\hat{C} - d, 0)}{\max(\hat{C}_b - d_b, 0)} = 1 - \frac{\text{NCP}}{\text{NCP}_b} \tag{4-6}$$

其中，$\hat{C}$，NCP 和 d 表示的是估计模型的差异、非中心参数估计和自由度，$\hat{C}_b$、NCP_b 和 d_b 表示的是基本模型的差异、非中心参数估计以及自由度。CFI 的取值范围为 0～1，越接近 1 越能说明输入的观测数据能够较好地拟合所构建的模型。

4.3.3.3 模型拟合的结果分析

运用统计软件 Lisrel 8.70 对测量模型拟合程度进行验证性分析，得到测量模型的各拟合指标结果，如表 4-4 所示。

表 4-4 测量模型拟合检验

检验指标	模型估计值	解释
模型拟合		
卡方值	χ^2 =178.96(p<0.001)	
自由度	df=106	
χ^2/df	1.69	很好，$\chi^2/df<3$
GFI	0.91	好，大于 0.9，接近 1
RMSEA	0.048	很好，小于 0.05
CFI	0.94	很好，非常接近 1
模型比较		
NNFI	0.93	很好，非常接近 1
NFI	0.90	好，等于 0.9，接近 1

从结果可以看出，通过本研究的测量模型计算出的拟合指标都能够达到要求，RMSEA 值为 0.048，GFI 值为 0.91；CFI 值为 0.94，NNFI 值为 0.93，NFI 值为 0.90。数据的区分效度说明各变量之间是有显著区别的，而当同一变量被不同的指标从不同的角度进行测量时，若指标之间同时又具有密切相关的关系，则说明测量模型具有较好的聚合效度。若模型具有较好聚合效度时，构念的标准化载荷将大于 0.50，而 t 值也将大于 2（若选择 95% 的置信区间，或者 α=0.05 时，t 值为 1.96 才能满足显著性统计检验要求）。

对于聚合效度，Fornell 和 Larcker（1981）提出，必须对所有的标准化项目载荷量、潜在变量的组合信度以及潜在变量的平均提取量3项指标进行检测，若该3项指标都达到标准，则说明研究变量具有聚合效度。对各指标的要求如下。

（1）标准化因子载荷（λ）的值要大于0.5，同时要达到显著性水平。

（2）潜变量组合信度（Composite Reliability，CR）：该指标指的是变量的内部一致性。潜变量的CR值越高，说明测量变量之间的相关性越高，即它们是在测量相同的潜变量。一般来说，CR值大于0.7比较好，大于0.6也是可接受范围。

（3）平均变异提取量（Average Variance Extracted，AVE）：该指标指的是所有变量的变易量能被潜变量所解释的程度，建议其值应大于0.5（Hair et al.，1998）。

从表4-5的结果可以看出，测量模型各指标的标准化因子载荷（factor loading）也满足上述要求，从而得出结论，测量模型具有较好的聚合效度。

另外，为了检验在各个观测变量的总变异量中有多少是来自潜变量的变异，本研究还对平均变异提取量（AVE）进行了计算，而未被建构变易量解释的其他变易量则是由测量误差产生的。平均变异提取量的计算公式为：

$$p_v = \frac{\sum \lambda^2}{\left[\sum \lambda^2 + \sum(\theta)\right]} \text{（其中λ为标准化因子载荷）} \quad (4-7)$$

所以，根据公式计算得到各个变量的AVE值如表4-5所示。Fornell and Larcker（1981）的研究提出，AVE值达到0.50以上较好，而本研究各变量的平均变异提取量都在0.50以上，说明测量模型满足要求。

表 4-5　验证性因子分析结果

变量与题项	编码	标准化因子载荷（λ）	T 值	AVE	CR
因变量					
创业决策行为（EDB）				0.67	0.75
Terrence & Brown, 2001	EDB1	0.75			
Cox et al., 2002	EDB2	0.66	9.86		
	EDB3	0.81	10.11		
	EDB4	0.79	8.10		
	EDB5	0.73	9.02		
	EDB6	0.89	9.37		
自变量					
创业自我效能（ESE）				0.55	0.79
Cronbach's Alpha(α)=0.800	ESE1	0.69			
Jennifer & Stephen, 2007	ESE2	0.57	5.10		
Chen et al., 2009	ESE3	0.71	4.98		
	ESE4	0.59	6.66		
	ESE5	0.63	5.79		
中介变量					
开发者角色认同（IR）				0.69	0.82
Cronbach's Alpha(α)=0.715	IR1	0.70			
Callero et al., 1987	IR2	0.91	10.39		
Charles et al., 2007	IR3	0.83	10.13		
投资者角色认同（FR）				0.57	0.76
Cronbach's Alpha(α)=0.693	FR1	0.82			
Callero et al., 1987	FR2	0.61	8.49		
Charles et al., 2007	FR3	0.77	8.07		
改革者角色认同（DR）				0.59	0.81
Cronbach's Alpha(α)=0.688	DR1	0.65			
Callero et al., 1987	DR2	0.61	7.36		
Charles et al., 2007	DR3	0.71	7.10		
模型拟合指标（CFA）		χ^2=178.96(p<0.001); df=106; χ^2/df=1.69; NFI=0.90; RMSEA=0.048; GFI=0.91; CFI=0.94; NNFI=0.93			

注：* 以上所有题项的因子载荷 t 值的显著性水平均为 p<0.05。

4.4 控制变量

Brockhaus（1982）和 Reynolds（1995）的研究说明，创业者的年龄对其创业决策行为有显著影响，而不同的性别对创业的激情和耐心也存在显著差异（Matthews & Moser，1995；Reynolds，1995；Moore，1990）。除此之外，创业者的受教育程度也会影响创业者的创业动机和创业决策（Marger，2001；Sanders et al.，2002；Yoo，2000）。创建不同规模的企业，需要创业者考虑的因素和筹备时间的长短是不同的；在创业过程中创业者需要面对的风险和对创业者能力的考验也不尽相同。这些会影响创业者对自己创业角色的认同感，从而引发不同的决策行为。综上所述，本研究对以下变量进行了控制。第一，创业者性别（男性和女性）；第二，创业者年龄（分成 5 个不同的年龄段）；第三，创业者受教育程度（包括高中及以下、专科、本科、硕士、博士及以上）；第四，创业时的员工人数（体现创业的规模和难度，分为 6 个不同规模类别）。

第 5 章

数据分析与结果

基于上述理论分析和实证研究方法介绍，本章将通过结构方程模型、多层回归分析等方法对提出的研究假设进行验证。为了更好地验证假设关系，并对数据结果进行分析，首先需进行描述性统计分析，然后运用结构方程模型对研究模型的总体拟合程度进行评定，最后采用多层回归分析对各种假设关系进行验证，其中包括中介效应和调节效应。

5.1 相关性分析

首先对研究选用的变量进行描述性统计分析，得到各变量的均值、标准差和相关系数矩阵，如表 5-1 所示。

表 5-1 各变量均值、标准差及相关系数矩阵

变量	1	2	3	4	5	6	7	8	9	10	11
1. 性别	1										
2. 年龄	0.245	1									
3. 文化程度	0.215	0.558	1								
4. 公司规模	0.239	0.512	0.612**	1							
5. 创业自我效能	0.044	0.145	0.230**	0.139	1						
6. 开发者角色认同	0.092	0.015	0.068	0.156*	0.161*	1					
7. 投资者角色认同	0.015	0.029	0.063	0.059	0.274**	0.323**	1				
8. 改革者角色认同	−0.024	0.037	0.025	−0.062	0.071	0.254**	0.333**	1			
9. 创业价值感知	−0.026	−0.092	−0.041	−0.004	0.063	0.031	0.030	0.029	1		
10. 创业者社会网络	0.047	0.165	0.087	0.030	0.315*	0.149*	0.018**	0.199**	−0.027	1	
11. 创业决策行为	0.153	0.138	0.173*	−0.016	0.201***	0.209***	0.310**	0.339**	0.031*	0.145*	1
均值	0.24	2.67	2.97	4.33	4.17	3.15	3.80	3.54	3.29	2.30	4.19
标准差	0.601	1.57	1.33	2.32	0.53	0.79	0.65	0.81	0.77	0.72	0.73

a. N=220。

b. *p<0.05；**p<0.01；***p<0.001（以下表中 * 含义相同）。

接下来要进行假设验证，为了更直观地梳理变量之间的关系，我们需要采用结构方程模型（Structural Equation Model，SEM）来对除了调节变量之外的所有变量构成的研究模型进行检验，这有助于我们清晰完整地描述各变量之间的相互关系，紧接着，我们将利用多层回归分析方法对中介变量和调节变量的影响进行验证。在数据处理之前，我们需要了解所选用的统计方法——结构方程模型具有的优点：①可以同时对多个因变量进行统计分析；②自变量和因变量允许存在测量误差；③与因子分析相似，SEM允许潜变量由多个观察指标题项——可测变量构成，也可以对可测变量的信度和效度（Reliability & Validity）同时进行估计；④相对于传统方法，SEM可以选用更多形式、更为灵活的测量模型（Measurement Model）进行验证，例如，在传统统计方法中，多个题项通常会从属于单一因子（温忠麟，侯杰泰和马什赫伯特，2004），而SEM则允许某一指标变量依附于两个潜变量；⑤研究者可以将潜变量之间的关系进行构造，通过拟合指数检验观测数据与假设模型的拟合程度。故本研究采用结构方程对理论模型进行拟合检验，得到结果证明研究模型具有较好的拟合度〔χ^2=178.96（$p<0.001$）；df=106；χ^2/df=1.69；NFI=0.90；RMSEA=0.048；NNFI=0.93；CFI=0.92；AGFI=0.89〕。

5.2 主效应与中介效应

接下来我们采用多层回归分析对研究中构建的各种假设关系做系统的检验，除了主效应外，中介效应和调节效应也是检验的重点。

在统计上，中介效应指的是自变量（IV）对因变量（DV）产生影响，同时IV通过一个中间的变量（M）来影响DV，而这个中间的变量 M 即为中介变量。中介效应以两种形式存在：一种是完全中介（Full mediation），另一种是部分中介（Partial mediation）（温忠麟等，2004）。其中完全中介效应指的是自变量完全通过中介变量而对因变量产生影响，若没有中介变量的存在，自变量是不会对因变量产生影响的，而部分中介指的是自变量对因变量产生的影响有一部分为直接影响，另外的部分是通过中介变量来实现的。有的学者通过理论研究，对中介变量的检验步骤进行了总结（Baron & Kenny，1986），第一步，进行自变量对因变量的影响分析。用因变量对自变量做回归，判断回归系数的显著性，若不显著，则检验终止，说明自变量对因变量不存在显著影响。第二步，检验自变量对中介变量的影响。用中介变量对自变量进行回归分析，判断回归系数是否显著。第三步，对中介变量进行控制，判断自变量对因变量的影响变化，若影响消失了，即回归系数由显著变为不显著，或影响明显减少了，则说明存在中介效应；若影响没有变化，则不存在中介效应。接着进行因变量对自变量和中介变量的回归，对中介变量的系数的显著性和自变量系数是否减小进行判断。以上介绍的方法是最为传统的检验方法，而 Kenny，Kashy 和 Bolger（1998）与 MacKinnon 等人（2002）对该方法存在的问题提出了疑问，他们认为在第一个步骤中因变量和自变量之间的关系被给予了过多的限制，在很多情境下，中介变量与因变量之间的关系或自变量与中介变量之间的关系要强于自变量与因变量之间的关系，所以在将自变量和因变量的关系进行固定之后再去探索中介效应是不科学的（Shrout & Bolger，2002）。越来越多的研究者已经在实际操作过程中放宽了 Baron 和 Kenny 方法中第一步中的限制（例如，Schneider, Ehrhart, Mayer, Saltz & Niles-Jolly，2005；Tiwana，2008）。为了保证方法的先进性和科学性，本研究将按照 MacKinnon 等人（2002）改进后的对中介效应的检验步骤和原理对各假设关系进行检验，前提是自变量——创业自我效能对中介变量——创业者角色认同有显著的影响，并且中介变量对因变量——创业决策行为的影响也具有显著性。

本研究将分别通过四个回归模型实现对假设关系的检验。模型1选取创业决策行为作为因变量，模型2选取开发者角色认同作为因变量，模型3选取投资者角色认同作为因变量，模型4选取改革者角色认同作为因变量，分析结果如表5-2所示。

检验假设1a、1b和1c，开发者角色认同、投资者角色认同和改革者角色认同对创业决策行为有正向的显著影响。在回归模型1中，首先将控制变量、自变量（创业自我效能）依次放入，最后将中介变量（开发者角色认同）放入，如表5-2所示，开发者角色认同对创业决策行为有显著的正向影响作用（$\beta=0.203$；$p<0.001$），结论支持假设1a。并且放入中介变量开发者角色认同时，对因变量的变异解释程度也随之相应增加（$\Delta R^2 = 0.035$）（在$p<0.01$的水平上显著），所以证明假设1a成立。除此之外，从模型1的结果还能得出其他结论：在模型的第2步，因变量（创业决策行为）对自变量（创业自我效能）的回归系数为显著，而放入中介变量——开发者角色认同后变为不显著。

类似模型1的步骤，在检验假设1b时，我们依次放入控制变量、自变量（创业自我效能），最后将中介变量（投资者角色认同）放入。从结果可以看出，投资者角色认同对创业决策行为有显著的正向影响作用（$\beta=0.330$；$p<0.01$），并且放入中介变量投资者角色认同后，对因变量的变异解释程度也相应增加（$\Delta R^2 =0.104$）（在$p<0.01$的水平上显著），因此证明了假设1b成立。另外，我们还能看到，因变量（创业决策行为）对自变量（创业自我效能）的回归系数在模型的每一步都始终保持显著。

表 5-2 回归分析结果

变量	模型 1 创业决策行为 第 1 步 控制变量 Std.β	模型 1 第 2 步 自变量 ESE（主效应） Std.β	模型 1 第 3a 步 中介变量 IR Std.β	模型 1 第 3b 步 中介变量 FR Std.β	模型 1 第 3c 步 中介变量 DR Std.β	模型 2 开发者角色认同 第 1 步 控制变量 Std.β	模型 2 第 2 步 自变量 ESE（主效应） Std.β	模型 3 投资者角色认同 第 1 步 控制变量 Std.β	模型 3 第 2 步 自变量 ESE（主效应） Std.β	模型 4 改革者角色认同 第 1 步 控制变量 Std.β	模型 4 第 2 步 自变量 ESE（主效应） Std.β
性别	0.136*	0.138	0.134	0.136	0.138	0.002*	-0.006	0.012*	-0.011	0.019	-0.023
年龄	0.109	0.108	0.101	0.115	0.123	-0.039	-0.041	-0.073	-0.039	-0.039	-0.066
文化程度	0.225*	0.182	0.188	0.187	0.149	0.055	-0.010	0.007	0.108	0.088	0.117
公司规模	-0.010	-0.019	-0.021	-0.034	-0.017	-0.032	-0.033	0.014	-0.029	-0.022	-0.015
创业自我效能		0.173***	0.110	0.129*	0.135*		0.218***		0.081*		0.031
开发者角色			0.203***								
投资者角色				0.330**							
改革者角色					0.198*						
R^2	0.078	0.106	0.115	0.149	0.218	0.004	0.077	0.179	0.010	0.016	0.101
Adj. R^2	0.055	0.078	0.81	0.111	0.183	-0.018	0.049	0.143	-0.011	-0.012	0.068
ΔR^2	—	0.029*	0.035**	0.104**	0.026**	—	0.072***	—	0.098**	—	0.086*
F 值	3.372*	3.761**	3.471***	3.981**	6.331*	0.206	2.740***	0.445	5.656**	0.557	3.061*

同样，在检验假设1c时，与模型1相同的步骤，我们依次放入控制变量、自变量（创业自我效能），最后将中介变量（改革者角色认同）放入。结果显示，改革者角色认同对创业决策行为有显著的正向影响作用（β=0.198；p<0.05），放入中介变量改革者角色认同后，对因变量的变异解释程度也相应增加（ΔR^2=0.026）（在p<0.05的水平上显著），所以证明假设1c成立。此外，我们还注意到，因变量（创业决策行为）对自变量（创业自我效能）的回归系数在模型的每一步始终保持显著。

模型2用来检验假设2a和3a，开发者角色认同作为因变量。模型2第1步仍为放入控制变量，第2步将自变量（创业自我效能）放入模型，创业自我效能对开发者角色认同有显著的正向影响作用（β=0.218；p<0.001），假设2a获得了支持。之前的验证中发现开发者角色认同与创业决策行为有显著的正向关系（见模型1，第3a步），而在引入中介变量（开发者角色认同）的过程中，创业自我效能对创业决策行为的影响作用减弱了，由在p<0.001的水平上显著变为不显著（β=0.173；p<0.001；β=0.110；p>0.1），而创业自我效能对创业决策行为之前有显著的影响（见模型1，第2步），由此说明自变量（创业自我效能）与因变量（创业决策行为）之间的关系被完全中介了，假设3a得到了支持，即创业自我效能通过开发者角色认同对创业决策行为有正向影响作用。

类似，模型3用来检验假设2b和3b，将投资者角色认同作为因变量。如模型3第2步所示，创业自我效能对投资者角色认同有显著的正向影响作用（β=0.081；p<0.05），假设2b得到了支持。又因为投资者角色认同与创业决策行为有显著的正向关系（见模型1，第3b步），而在引入中介变量（投资者角色认同）的过程中，创业自我效能对创业决策行为的影响作用减弱了，由在p<0.001的水平上显著变为在p<0.05的水平上显著（β=0.173；p<0.001；β=0.129；p<0.05），由此说明自变量（创业自

效能）与因变量（创业决策行为）之间的关系被部分中介了，假设 3b 得到了支持，即创业自我效能水平通过创业投资者角色认同对创业决策行为有正向影响作用。

同样，模型 4 用来检验假设 2c 和 3c，将改革者角色认同作为因变量。如模型 4 的第 2 步结果，我们发现创业自我效能对改革者角色认同没有显著的影响作用（β=0.031；p>0.05），因此假设 2c 没有得到支持。虽然改革者角色认同与创业决策行为有显著的正向关系（见模型 1，第 3c 步），而在引入中介变量（改革者角色认同）后，创业自我效能对创业决策行为的影响作用减弱了（β=0.173；p<0.001；β=0.135；p<0.05），但由于假设 2c 没有得到支持，所以并不满足中介作用的条件。所以，假设 3c——"创业自我效能水平通过创业改革者角色认同对创业决策行为有正向影响作用"也未得到支持。为了更直观清晰地展示这些假设检验的结果，图 5-1、图 5-2 和图 5-3 呈现了主效应和中介效应的分析结果。

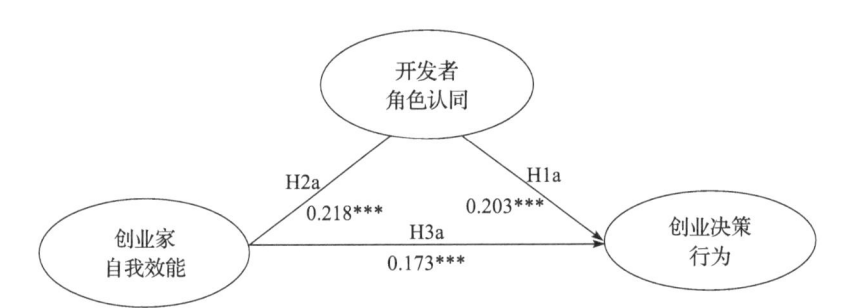

图 5-1　开发者角色认同中介的回归模型总结

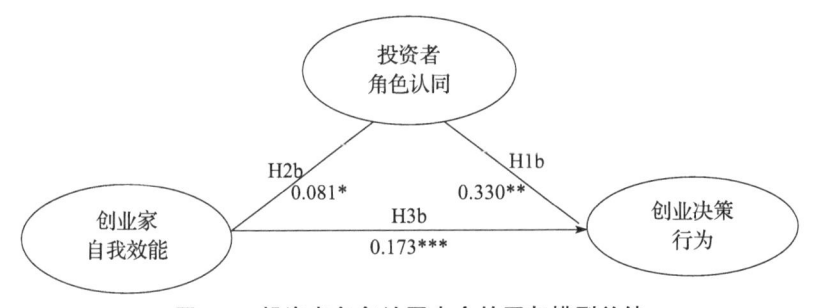

图 5-2　投资者角色认同中介的回归模型总结

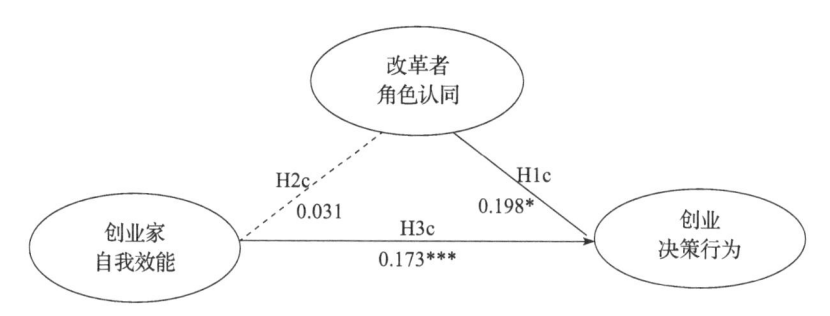

图 5-3 改革者角色认同中介的回归模型总结

5.3 创业价值感知和创业者社会网络的调节效应

假设 4a、4b、4c 是创业价值感知对创业角色认同（开发者角色认同、投资者角色认同和改革者角色认同）与创业决策行为之间关系的调节作用，假设 5a、5b、5c 是创业者社会网络对创业自我效能与创业角色认同之间关系的调节作用。为了体现模型的整体性，首先将创业价值感知和创业者社会网络的均值计算出来，然后以均值作为临界点将样本分成两组，对于创业价值感知而言，均值等于 3.29，样本中变量值小于 3.29 的样本被定义为 PVE1——创业价值感知水平低，而样本中变量值大于 3.29 的样本被定义为 PVE2——创业价值感知水平高；同样，对于创业者社会网络而言，均值等于 2.30，所以样本中变量值小于 2.30 的样本被定义为 ST1——创业者社会网络水平低，样本中变量值大于 2.30 的样本被定义为 ST2——创业者社会网络水平高。

以均值为参照将样本数据分为四组，本研究通过四个多层回归模型来检验创业价值感知和创业者社会网络的调节效应。模型 5、模型 6、模型 7、模型 8 均将创业决策行为作为因变量，为了不破坏模型的完整性，检验的同时对创业者自我效能的主效应进行控制。

假设 4a：创业价值感知对开发者角色认同与创业决策行为之间的关系具有正向的调节作用。当创业价值感知水平低时，即 PVE<3.29 时，在回归模型 5 中，将控制变量、自变量（创业自我效能）依次放入，最后再将中介变量——开发者角色认同、投资者角色认同和改革者角色认同依次放入检验模型。如表 5-3 所示，开发者角色认同对创业决策行为没有显著的影响作用（$\beta_{低}$=0.110；t=1.029；p>0.1），当创业价值感知水平高时，即 PVE>3.29 时，在回归模型 6 中，同样依次放入控制变量、自变量（创业自我效能）、中介变量——开发者角色认同、投资者角色认同和改革者角色认同。结果如表 5-4 所示，开发者角色认同对创业决策行为存在显著的正向影响作用（$\beta_{高}$=0.324；t=3.072；p<0.05），而且对因变量（创业决策行为）的变异解释程度也随之增加了（ΔR^2=0.081），且在 p<0.05 的水平上显著（F=5.368，p<0.05）。可见，随着创业价值感知水平由低到高的变化，开发者角色认同与创业决策行为的关系从不具有显著影响变为在 p<0.05 水平上存在显著的正相关关系，即随着创业价值感知水平的提高，开发者角色认同对创业决策行为的影响作用增强，故假设 4a 得到支持，即相对于低水平的创业价值感知而言，高水平的创业价值感知更有利于增强开发者角色认同对创业决策行为的影响程度。

假设 4b：创业价值感知对投资者角色认同与创业决策行为之间的关系有正向调节作用。当创业价值感知水平低时，即 PVE<3.29 时，在回归模型 5 中，如表 5-3 所示，投资者角色认同对创业决策行为的独特贡献 ΔR^2=0.049，p<0.01 的水平上显著，所以投资者角色认同对创业决策行为有显著的正向影响作用（$\beta_{低}$=0.323；t=2.774；p<0.01）；当创业价值感知水平高时，即 PVE>3.29 时，在回归模型 6 中，同样依次放入控制变量、自变量——创业自我效能、中介变量——开发者角色认同、投资者角色认同和改革者角色认同，结果如表 5-4 所示，投资者角色认同对创业决策行为同样存在显著的正向影响作用（$β_{高}$=0.337>$β_{低}$=0.323；p<0.05），而且对因变量（创业决策行为）的变异解释程度也随之增加了（$ΔR^2$=0.066>0.049），且在 p<0.05 的水平上显著。因此说明，随着创业价值感知水平由低到高的变化，投资者角色认同对创业决策行为的影响变大，而因变量——创业决策行为的变异解释程度也增强，即随着创业价值感知水平的增加，投资者角色认同对创业决策行为的影响作用增强，故假设 4b 得到支持，即相对于低水平的创业价值感知而言，高水平的创业价值感知更有利于增强投资者角色认同对创业决策行为的影响程度。

假设 4c：创业价值感知对改革者角色认同与创业决策行为之间的关系有正向调节作用。当创业价值感知水平低时，即 PVE<3.29 时，在回归模型 5 中，如表 5-3 所示，改革者角色认同对创业决策行为的独特贡献 $ΔR^2$=0.072，p<0.05 的水平上显著，所以改革者角色认同对创业决策行为有显著的正向影响作用（$β_{低}$=0.216；t=2.462；p<0.05）；当创业价值感知水平高时，在回归模型 6 中，同样依次放入控制变量、自变量——创业自我效能、中介变量——开发者角色认同、投资者角色认同和改革者角色认同，结果如表 5-4 所示，改革者角色认同对创业决策行为同样存在显著的正向影响作用（$β_{高}$=0.283>$β_{低}$=0.216；p<0.05），而且对因变量（创业决策行为）的变异解释程度也随之增加了（$ΔR^2$=0.090>0.072），且在 p<0.05 的水平上显著。因此说明，随着创业价值感知水平由低到高的变化，改革者角色认同对创业决策行为的影响变大，而因变量——创业决策行为的变异解释程度也增强，即随着创业价值感知水平的增加，改革者角色认同对创业决策行为的影响作用增强，故假设 4c 得到支持，即相对于低水平的创业价值感知而言，高水平的创业价值感知更有利于增强改革者角色认同对创业决策行为的影响程度。

表 5-3　PVE1——创业价值感知水平低回归模型总结（N=97）

变量	模型 5　创业决策行为				
	第1步 控制 变量	第2步 自变量 ESE （主效应）	第3a步 中介变量 IR	第3b步 中介变量 FR	第3c步 中介变量 DR
	Std.β （t值）	Std.β （t值）	Std.β （t值）	Std.β （t值）	Std.β （t值）
性别	−0.240* (−2.064)	0.229* (1.899)	−0.229* (−1.984)	0.230* (1.983)	0.243* (2.190)
年龄	0.115 (0.781)	0.149 (1.000)	0.170 (1.117)	0.140 (0.939)	0.142 (0.994)
文化程度	0.044 (0.290)	−0.029 (−0.186)	0.037 (0.231)	0.023 (0.148)	−0.014 (−0.100)
公司规模	−0.175 (−1.345)	0.169 (1.270)	−0.151 (−1.113)	−0.173 (−1.314)	−0.118 (−1.554)
创业自我效能		0.190 (1.616)	0.189 (1.567)	0.157 (1.295)	0.123 (1.056)
开发者角色			0.110 (1.029)	−0.015 (−0.133)	−0.077 (−0.659)
投资者角色				0.323** (2.774)	0.026 (0.230)
改革者角色					0.216* (2.462)
R^2	0.084	0.117	0.117	0.166	0.238
Adj. R^2	0.035	0.058	0.045	0.046	0.126
ΔR^2	—	0.033	0.000	0.049**	0.072*
F值	1.738	1.990	1.636	1.555	2.434*

表 5-4　PVE2——创业价值感知水平高回归模型总结（N=123）

变量	模型 6　创业决策行为				
	第1步 控制 变量	第2步 自变量 ESE （主效应）	第3a步 中介变量 IR	第3b步 中介变量 FR	第3c步 中介变量 DR
	Std.β （t值）	Std.β （t值）	Std.β （t值）	Std.β （t值）	Std.β （t值）

续表

变量	模型6 创业决策行为				
	第1步 控制 变量	第2步 自变量ESE （主效应）	第3a步 中介变量 IR	第3b步 中介变量 FR	第3c步 中介变量 DR
性别	−0.022 (−0.221)	−0.008 (−0.082)	−0.018 (−0.185)	−0.004 (−0.053)	−0.001 (−0.003)
年龄	0.188 (1.404)	0.168 (1.261)	0.150 (1.157)	0.215 (1.711)	0.197 (1.638)
文化程度	0.518*** (3.631)	0.519*** (3.736)	0.519*** (3.739)	0.522*** (3.956)	0.446*** (3.463)
公司规模	−0.453* (−2.784)	−0.481* (−3.041)	−0.471* (−3.058)	−0.489* (−3.272)	−0.370* (−2.488)
创业自我效能		0.159 (1.575)	0.159 (1.575)	0.086 (0.870)	0.117 (1.227)
开发者角色			0.324* (3.072)	0.095 (0.932)	0.209* (2.329)
投资者角色				0.337* (2.974)	0.254* (2.445)
改革者角色					0.283* (2.198)
R^2	0.165	0.193	0.274	0.340	0.430
Adj. R^2	0.123	0.143	0.185	0.264	0.326
ΔR^2	—	0.028*	0.081*	0.066*	0.090*
F值	4.017*	3.868*	5.368*	4.237*	6.166**

假设5a：创业者社会网络对创业自我效能与开发者角色认同之间的关系有正向的调节作用。将开发者角色认同作为因变量，当创业者社会网络水平低时，即ST<2.30时，在回归模型7中，依次放入控制变量和自变量（创业自我效能），如表5-5所示，创业自我效能对开发者角色认同有显著的正向影响作用（$\beta_{低}$=0.200；t=2.152；p<0.05），增加了对因变量（开发

者角色认同）的变异解释程度（$\Delta R^2=0.077$）在 $p<0.05$ 的水平上显著；当创业者社会网络水平高时，即 ST>2.30 时，在回归模型 10 中，同样将控制变量和自变量（创业自我效能）依次放入，如表 5-6 所示，可以看到创业自我效能对开发者角色认同的影响作用依然显著（$\beta_{高}=0.300>\beta_{低}=0.200$；$p<0.05$）。因此说明，当创业者社会网络水平由低向高变化时，创业自我效能对开发者角色认同的影响系数变大，即随着创业者社会网络水平的提高，创业自我效能对开发者角色认同的影响作用增加，所以假设 5a 得到支持，即相对于低水平的创业者社会网络而言，高水平的创业者社会网络更有利于增强创业自我效能对创业开发者角色认同的影响程度。

假设 5b：创业者社会网络对创业自我效能与投资者角色认同之间的关系有正向的调节作用。将投资者角色认同作为因变量，当创业者社会网络水平低时，即 ST<2.30 时，在回归模型 8 中，依次放入控制变量和自变量（创业自我效能），如表 5-5 所示，虽然创业自我效能对投资者角色认同有显著的正向影响作用，但处于临界显著状态（$\beta_{低}=0.270$；$t=2.045$；$0.1>p>0.05$），增加了对因变量（投资者角色认同）的变异解释程度（$\Delta R^2=0.052$）在 $p<0.05$ 的水平上显著；当创业者社会网络水平高时，即 ST>2.30 时，在回归模型 11 中，同样将控制变量和自变量（创业自我效能）依次放入，如表 5-6 所示，可以看到创业自我效能对投资者角色认同的影响作用减弱（$\beta_{高}=0.267<\beta_{低}=0.270$；$p<0.05$），增加的对因变量（开发者角色认同）的变异解释程度（$\Delta R^2=0.051<0.052$）且在 $p<0.05$ 的水平上显著。因此说明，当创业者社会网络水平由低向高变化时，创业自我效能对投资者角色认同的影响系数变化不大，即随着创业者社会网络水平的提高，创业自我效能对投资者角色认同的影响作用没有增强，所以假设 5b 没有得到支持，即相对于低水平的创业者社会网络而言，高水平的创业者社会网络没有增强创业自我效能对创业投资者角色认同的影响程度。

假设5c：创业者社会网络对创业自我效能与改革者角色认同之间的关系有正向的调节作用。将改革者角色认同作为因变量，当创业者社会网络水平低时，即ST<2.30时，在回归模型9中，依次放入控制变量和自变量（创业自我效能），如表5-5所示，创业自我效能对改革者角色认同无显著的正向影响作用（$\beta_{高}$=0.198；t=1.951），增加了对因变量（改革者角色认同）的变异解释程度（ΔR^2=0.044）不显著；当创业者社会网络水平高时，即ST>2.30时，在回归模型12中，同样将控制变量和自变量（创业自我效能）依次放入，如表5-6所示，可以看到创业自我效能对改革者角色认同的影响作用依然不显著（$\beta_{低}$=0.210；t=1.949），增加的对因变量（改革者角色认同）的变异解释程度（ΔR^2=0.023）也不显著。因此说明，当创业者社会网络水平由低向高变化时，创业自我效能对改革者角色认同的影响系数基本没变化，即随着创业者社会网络水平的提高，创业自我效能对改革者角色认同的影响作用未增加，所以假设5c未得到支持，即相对于低水平的创业者社会网络而言，高水平的创业者社会网络没有增强创业自我效能对创业改革者角色认同的影响程度。

表5-5　ST1——创业者社会网络水平高回归模型总结（N=123）

变量		模型7 开发者角色认同	模型8 投资者角色认同	模型9 改革者角色认同
	第1步 控制 变量	第2a步 自变量ESE （主效应）	第2b步 自变量ESE （主效应）	第2c步 自变量ESE （主效应）
	Std.β （t值）	Std.β （t值）	Std.β （t值）	Std.β （t值）
性别	0.154 （1.534）	0.183 （1.877）	0.182* （1.857）	0.195* （2.315）
年龄	0.221 （1.778）	0.241 （2.004）	0.239 （1.974）	0.007 （0.909）

续表

变量	模型7 开发者角色认同 第1步 控制变量	模型7 第2a步 自变量ESE（主效应）	模型8 投资者角色认同 第2b步 自变量ESE（主效应）	模型9 改革者角色认同 第2c步 自变量ESE（主效应）
文化程度	0.049（0.374）	−0.022（−0.176）	0.020（0.155）	−0.031（−0.190）
公司规模	−0.225（−1.874）	−0.236*（−2.107）	−0.241*（−2.026）	0.149（0.750）
创业自我效能		0.200*（2.152）	0.270*（2.045）	0.198（1.951）
R^2	0.132	0.209	0.184	0.176
Adj. R^2	0.069	0.058	0.093	0.077
ΔR^2	—	0.077*	0.052*	0.044
F值	2.181	1.990	2.392**	1.096

表5-6　ST1——创业者社会网络水平低回归模型总结（N=99）

变量	模型10 开发者角色认同 第1步 控制变量 Std.β（t值）	模型10 第2a步 自变量ESE（主效应） Std.β（t值）	模型11 投资者角色认同 第2b步 自变量ESE（主效应） Std.β（t值）	模型12 改革者角色认同 第2c步 自变量ESE（主效应） Std.β（t值）
性别	−0.230*（−2.164）	0.219*（1.879）	0.203*（2.098）	0.199*（2.047）
年龄	0.105（0.761）	0.139（1.020）	−0.073（−0.312）	0.262*（2.181）
文化程度	0.034（0.291）	−0.029（−0.186）	0.036（0.196）	−0.035（−0.089）
公司规模	−0.174（−1.344）	0.196（1.271）	0.211（1.319）	−0.252*（−2.147）

续表

变量	第1步 控制变量	模型10 开发者角色认同 第2a步 自变量ESE （主效应）	模型11 投资者角色认同 第2b步 自变量ESE （主效应）	模型12 改革者角色认同 第2c步 自变量ESE （主效应）
创业自我效能		0.300* （2.107）	0.267* （1.045）	0.210 （1.949）
R^2	0.132	0.223	0.183	0.155
Adj. R^2	0.075	0.120	0.092	0.066
ΔR^2	—	0.091*	0.051*	0.023
F值	2.134	3.395*	2.815*	1.838

图 5-4 和图 5-5 呈现了创业价值感知和创业者社会网络的调节效应模型总结。

H4a
β价值感知低=0.110
β价值感知高=0.324*

开发者角色认同

H4b
β价值感知低=0.323**
β价值感知高=0.337*

投资者角色认同 → 创业决策行为

改革者角色认同

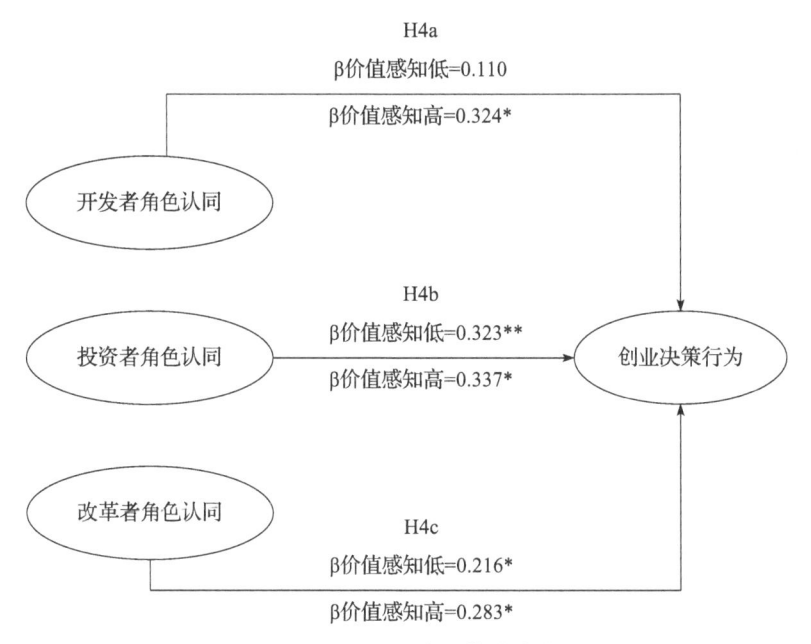

H4c
β价值感知低=0.216*
β价值感知高=0.283*

图 5-4 创业价值感知的调节效应模型总结

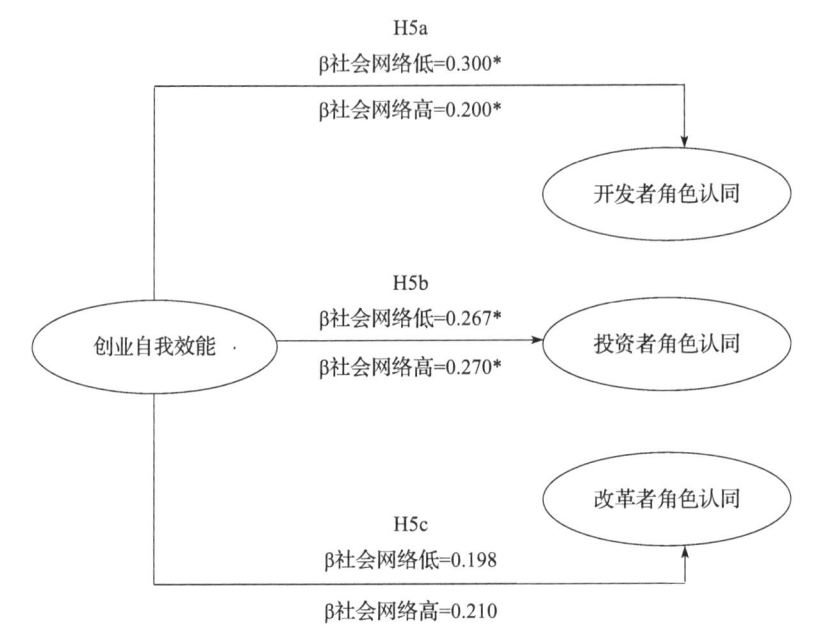

图 5-5　创业者社会网络的调节效应模型总结

5.4　本章小结

  基于前几章对于理论的分析梳理和实证研究方法的介绍，本章通过结构方程模型、多层回归分析等方法对提出的研究假设进行验证。为了更好地验证假设关系并对数据结果进行分析，首先进行了描述性统计分析，它是进行假设验证的前提和基础；然后运用结构方程模型对研究模型的总体拟合程度进行评定；最后采用多层回归分析对各种假设关系进行检验，其中包括对主效应、中介效应和调节效应的检验。通过本章的研究分析，得出假设检验的结果，如表 5-7 所示。

表 5-7 基本假设检验结果总结

基本概念模型假设	检验结果
H1a：创业者开发者角色认同的水平越高，创业决策行为的水平越高	支持
H1b：创业者投资者角色认同的水平越高，创业决策行为的水平越高	支持
H1c：创业者改革者角色认同的水平越高，创业决策行为的水平越高	支持
H2a：创业自我效能的水平越高，创业开发者角色认同的水平越高	支持
H2b：创业自我效能的水平越高，创业投资者角色认同的水平越高	支持
H2c：创业自我效能的水平越高，创业改革者角色认同的水平越高	不支持
H3a：创业自我效能水平通过创业开发者角色认同影响创业决策行为	支持
H3b：创业自我效能水平通过创业投资者角色认同影响创业决策行为	支持
H3c：创业自我效能水平通过创业改革者角色认同影响创业决策行为	不支持
H4a：相对于低水平的创业价值感知而言，高水平的创业价值感知更有利于增强创业开发者角色认同对创业决策行为的影响程度	支持
H4b：相对于低水平的创业价值感知而言，高水平的创业价值感知更有利于增强创业投资者角色认同对创业决策行为的影响程度	支持
H4c：相对于低水平的创业价值感知而言，高水平的创业价值感知更有利于增强创业改革者角色认同对创业决策行为的影响程度	不支持
H5a：相对于低水平的创业者社会网络而言，高水平的创业者社会网络更有利于增强创业自我效能对创业开发者角色认同的影响程度	支持
H5b：相对于低水平的创业者社会网络而言，高水平的创业者社会网络更有利于增强创业自我效能对创业投资者角色认同的影响程度	不支持
H5c：相对于低水平的创业者社会网络而言，高水平的创业者社会网络更有利于增强创业自我效能对创业改革者角色认同的影响程度	不支持

第 6 章
讨 论

从上一章的检验结果中，我们可以得出结论：创业自我效能对创业者的角色认同具有重要的影响，而且不同类型的创业者角色认同对创业决策行为的影响程度随着创业价值感知水平的变化而发生改变——创业价值感知正向调节开发者角色认同和投资者角色认同对创业决策行为的影响。同时，创业自我效能对不同类型的创业者角色认同的影响也受到了创业者社会网络水平的调节影响——创业者社会网络正向调节创业自我效能对开发者角色认同的影响。接下来，我们以创业者角色认同的相关因素为主线，对假设验证的结果进行深入分析，探讨这些结果能够说明的问题，并结合实际案例应用，进一步讨论这些发现的应用价值。

6.1 创业自我效能与创业者角色认同

数据分析结果对我们的研究假设提供了支持：创业自我效能通过创业者角色认同影响创业决策行为。创业自我效能使得创业者对于自我进行创业的能力充满信心，这种信心逐渐转化为对开发者、投资者和改革者角色的认同感，进而促进与创业角色认同相对应的创业决策行为的出现。这一结论支持了效能理论的基本观点：创业自我效能（Entrepreneurial Self-Efficacy, ESE）是指个体对自己具备能力来成功扮演创业者角色并胜任创业工作的信心程度（Hmieleski & Corbett, 2007）。这种信心在决定创业行为的实现过程中发挥重要的作用（Zhao et al., 2005）。当个体对自身的创业能力持有强烈的信念时，他们便拥有了足够的动力和决心去经历创业过程的每一环节（如机会识别）（Krueger, 2007）。因此，本研究的结论与

Markman、Balkin & Baron（2002）和 Baum、Locke & Smith（2001）及 Locke（2000）的研究结论相一致，均强调了对自己承担创业任务能力具有强烈信念的个体更容易投入大量努力，并善于利用各类新机会。同样，创业自我效能也与企业的成长和潜存风险的决策紧密相关（Hmieleski et al.，2007），因为承担风险是创业过程中的一个基础环节。由此可见，通过对相关知识和信息的运用，创业者对机会的识别也依赖于他们对创业环境的充分理解和较高的创业自我效能水平。

6.1.1 创业自我效能与开发者角色认同

对于创业自我效能与开发者角色认同，验证结果支持了我们的假设：创业自我效能正向影响开发者角色认同，即创业自我效能水平越高，开发者角色认同水平也相应越高。此结论与其他学者提出的关于创业自我效能与角色认同之间的关系研究结论相一致（Jill，2005）。具有高自我效能水平的个体将会设定更高的目标，并能坚定地去面对创业挑战和勇敢克服困难，这一点在创业初期阶段表现得尤为明显。研究中发现，绝大多数创业者都认同自己是开发者的角色，他们认为自己的创业行为主要是将新的科研成果或新的发明设计进行转化而创办企业，或者发现新的机遇而着手创办企业，即创业者的创业激情来自对新的机会的识别、创造和开发活动，这是与开发者角色认同相吻合的。虽然面对极大的风险和不确定性，但在决定创业时，他们对自己能够成功表示充满信心，也就是所谓的具有高创业自我效能水平。Illinois 大学教授 Hao Zhao 等人对创业自我效能的进一步研究证明了 ESE 可以作为正规学习、创业经验、风险倾向、性别四个因素与创业意向之间的中介变量（Hao Zhao，Seibert & Hills，2005）。还有学者指出创业自我效能水平对决策过程产生积极影响，接下来进行的探索性研究验证了创业自我效能与企业绩效显著正相关（Forbes，2005）。

这些研究都与本研究的结论相一致。还有学者在东欧、中亚等处于经济转型期的国家对创业自我效能进行了实证研究，得到与之前在西方国家情境下的研究一致的结论（Drnovsek & Glas，2002；Luthans & Labrayeva，2006）。综上所述，社会认知理论和相关学者的实证研究共同表明：创业是否取得成功在很大程度上受到了创业者个体自我效能水平差异的影响（Markman & Baron，2003）。我们的研究不仅强化了这一观点，还揭示了创业自我效能通过开发者角色认同影响创业决策行为产生的普遍机制。

6.1.2 创业自我效能与投资者角色认同

对于投资者角色认同，验证结果也支持了我们的研究假设：创业自我效能通过增强创业者的投资者角色认同感来影响创业决策行为。具体而言，当创业者的创业激情源自于识别并利用机会，进而商业化并建立新的事业的活动时，那么创业自我效能则能通过影响投资者角色认同进而改变创业决策行为。以往的研究表明，创业者对自身能力的强烈信心会促进创业目标的实现，并降低对失败的恐惧（Brockhaus，1980）。具有高创业自我效能的个体更倾向于将挑战性条件与正面回报（如利润、社会认可和心理满足感）相联系（Hisrich & Brush，1986）；相反，创业自我效能水平低的个体更容易预见到失败带来的负面后果，如破产、丢脸或沮丧。因此，那些认为自己能成功扮演创业者角色、胜任创业工作的个体，更有可能加入创业大军中来，正是从这个意义上讲，在需要找准机会进行投资的创业活动中，创业者对自身能力的把握对其是否采取行动会产生深远的影响。

投资者角色认同是创业者基于自身以往经验、现实能力及所掌握的信息和知识，对自己能否胜任创业者投资者角色并有效实施创业行为的信心判断，逐渐形成对投资者角色的认同。创业信念越坚定、实践经验越丰富的创业者，对自己越发充满信心、投资者角色认同也更为显著。这种认同感促使他们在创业过程中勇往直前、付出更多努力、对目标追求更加执着、面对困难和挑战时能够积极应对，从而在创业道路上走得更远。

6.1.3 创业自我效能与改革者角色认同

对于改革者角色认同，验证结果对我们的假设没有提供支持：创业自我效能对改革者角色认同没有显著影响，因此创业自我效能通过改革者角色认同来影响创业决策行为不成立。这个结论包含两层含义。

一方面，创业自我效能对改革者角色认同没有显著影响。这说明，尽管相关学者的研究提出，个体若对完成某项工作的个人能力抱有高度自信，那么该个体与该工作相应的角色认同就越处于核心位置，且其行为就越有可能与该角色认同保持一致（Stryker，1980）。但改革者角色认同指的是创业者将创业激情聚焦于培养、发展和扩大已建立的事业相关的活动上，这种角色认同在创业活动中相对难以明确界定或识别。创业意味着创新、从无到有，改革属于创新的一个重要形式，是在已有基础上的创新。改革所要面对的风险和不确定性与从无到有的开创过程相比相对较弱，所以是否对自己的能力具有十足的把握和强烈的自信心，企业的改革都有可能进行；无论成功与否，这个相对稳定的创业过程不会令创业者有很高的成就感或者挫败感。这就是得到创业自我效能对于改革者角色认同不存在显著影响这一结论的原因。

另一方面，创业自我效能通过改革者角色认同对创业决策行为产生影响的这一假设并不成立。这与我们的预期假设不一致。由于结果表明，创业自我效能与改革者角色认同之间不存在显著的正向影响关系，所以得出，改革者角色认同在创业自我效能和创业决策行为之间充当中介机制的假设也不成立。产生这一结果可能有两个原因：一是创业者对改革者角色认同的认知尚不深入，或者说，对于改革者的重要性及在创业活动中所扮演的角色，创业者自身没有明确的定位，而且社会群体的反馈也不够清晰强烈；二是可能创业行为具有时滞性，本研究的数据来自某一时点的横截面数据，无法捕捉长时间内创业自我效能对改革者角色认同可能产生的逐步增强作用，可能随着时间的推移，创业者的改革者角色认同逐渐产生并且清晰化，但是本研究的数据无法对其进行验证。虽然我们的研究结论与假设并不一致，但我们仍然认为创业自我效能是可以促进改革者角色认同的。已有的研究针对创业自我效能对创业决策行为的影响机制少有研究，这一研究不足限制了我们对于创业自我效能与创业决策行为的完整理解，所以我们从创业者角色认同的视角展开研究，为研究创业动机提供了新的视角和理论支持。

6.2 创业者角色认同与创业决策行为

对于创业者角色认同与创业决策行为，现有的研究支持了我们的假设，即开发者角色认同、投资者角色认同和改革者角色认同均对创业决策行为有正向影响作用。此结论与认同理论的基本观点相吻合，角色认同能够激发角色行为，因为通过扮演相关角色，个体可以满足自我证明的需要（Markus & Wurf，1987），同时也促进了社会关系对个体的识别和归类（Burke，1991）。从社会认知理论层面来看，个体若对胜任某项工作的能力充满自信，那么与之相应的角色认同就会更加核心，进而其行为也更可能与该角色认同保持一致（Stryker，1980）。这也充分证明了角色认同的概念在预测一系列行为的过程中发挥了重要的作用（Callero，1985；Riley & Burke，1995；Grube & Piliavin，2000）。此外，角色认同在与角色相符的行为中得以体现并持续强化（McCall & Simmons，1978），因此，拥有强烈创业角色认同的个体更有可能在职业选择上倾向于创业。

角色认同理论指出，当条件需求与角色扮演相符时，认同感增强，从而增加相关角色行为的可能性；若条件需求与角色认同不一致，认同感将受到威胁，个体可能对角色的相关行为会产生抵触。

6.2.1 开发者角色认同与创业决策行为

对于开发者角色认同，验证结果支持了我们的假设：开发者角色认同正向影响创业决策行为。即开发者角色认同水平越高，创业决策行为水平越高。此结论与其他学者关于开发者角色认同对创业决策行为的研究结论相一致。学者Cardon（2008）提出开发者角色指的是创业者的创业激情来自对新的机会的识别、创造和开发活动。角色认同具有重要的社会意义，他人对自己的角色期待会驱动个体产生相应的行为（Yang，1981）。具有强烈创业角色认同的创业者会对环境非常敏感。如果创业行为被尊重，那么那些具有强烈创业角色认同感的个体会因此特别受到激励，进而这种认同感也会被进一步强化。相反，如果个体的创业行为并不被他人肯定，他可能会积极地避免此类行为。而开发者角色是创业者角色最为典型的类型，也就是人们日常生活中所谓的创业者角色。因此一旦形成对该角色的认同感，则创业的可能性也将大大提高。以上研究结论和理论推演都与本研究的结论相一致。

6.2.2 投资者角色认同与创业决策行为

对于投资者角色认同，验证结果支持了我们的假设：投资者角色认同正向影响创业决策行为，即投资者角色认同水平越高，则创业决策行为的水平也越高。这进一步印证了相关学者的研究结论，投资者角色认同指的是创业者的创业激情来自为了利用机会并使其商业化而建立新的事业的活动。而个体的身份角色认同是释意过程的基础，尤其是创业者的身份角色认同将影响其看待与评估环境情势并做出创业决策（Dohmen，2006；林家五，2002）。当创业者的角色认同更倾向个性特质时，对个体行为产生的影响更大，创业者所认同的角色特性将会引导他筛选并诠释环境中的重要信息（林家五，2002）。例如，如果创业者认同自己是本土的创业者，则会更倾向于关注本土相关的环境信息；如果创业者认同自己是跨国的领导者，则会将焦点放在国际的环境情势上。此外，创业者非常在意自己过去的行为，并且会依据自己的身份角色认同对行为进行合理化的诠释（Krueger，2000，2007）。若创业者具有投资经验，并且掌握相关机会信息，那么在对自我的认知过程中，投资者角色认同可能会更加突显，从而在行为选择上倾向于选择与投资相关的决策行为。因此，投资者角色认同对创业决策行为有正向影响作用的观点得到了肯定。

6.2.3 改革者角色认同与创业决策行为

对于改革者角色认同，验证结果支持了我们的假设：改革者角色认同正向影响创业决策行为，即改革者角色认同水平越高，则创业决策行为的水平越高。这与相关学者的研究结论是一致的。传统社会心理学家认为个人可能拥有许多不同的身份认同（Multiple Selves），这些身份认同因为认知处理上的凸显性、情境的线索，因时因地在不同状况下出现（Aaker，1999）。也就是说，人们的自我认同具有多面性，可能因为其身体特征、角色、能力、行为、偏好、特质、风格，甚至隶属的团体特征等而表现出不同的样貌。在Mandel（2003）的研究中就发现，个体以相互依赖的特质来定义自我比以独立自主的特质来定义自我，在财务性选择上更容易出现风险寻求的倾向。这些论点与实证的结果其实就是在说明，当个体处于一个决策情境时，尤其是负面结果的情境，他们如何看待自己将是影响其后续评估与决策的重要机制（Berzonsky，1988，1990，1994）。改革者角色认同指创业者将创业激情倾注于培养、发展和扩大已经建立的事业的活动之中。若创业者本身具有倾向创新的个性特质，在企业的成长过程中，很容易出现改革者的角色认同，为企业的发展谋取新的着眼点、开发新的产品或者引进新的先进技术，这些就是与该角色认同相一致的决策行为，以上所述都支持本研究的研究结论——改革者角色认同对创业决策行为有正向影响作用。

6.3 创业价值感知和创业者社会网络的影响

6.3.1 创业价值感知的调节作用

对于创业价值感知水平的调节作用，验证结果对我们的假设提供了部分支持：高水平的创业价值感知相比低水平，能更有效地增强创业开发者角色认同及投资者角色认同对创业决策行为的正向影响。即创业价值感知水平越高，则个体越倾向于形成开发者角色认同（投资者角色认同），从而对创业决策行为产生影响。相关的研究与本研究的结论具有一致性。从感知的视角来看，个体开展创业行为的决定深受其对相关领域和社会关系反馈预测的影响（Drazin et al.，2000；Ford，1996）。特别是，当创业者预计会得到积极反馈时，他们更可能投身于创业；反之，若预计为负面反响，则可能会拒绝或抵触该创业行为（Ford，1996）。由于对创业角色有强烈认同感的创业者更为注重环境对于创业价值的反馈，所以他们对别人如何看待他们的创业行为亦表现出高度的敏感性。

因此，对创业角色认同感强的创业者对风险感知的关注远远超过有形报酬的损失，或者对认同感受损的担忧。如果这些创业者感知到环境并不接受他们的创业行为，就会认为自己的创业行为没有价值或不被人关注。相反，具有较弱创业角色认同感的个体并不会为了成为创业者而进行创业投资，因此他们不太关注家人朋友等社会关系对创业行为的看法。创业者感知到的创业价值是创业环境的一个重要组成部分，它直接支持创业行为并影响创业绩效。当创业者感知到社会环境对创业行为很重视且看法积极时，会激活或加速他们对创业角色的认同，从而产生与该认同相一致的一系列行为表现。相反，如果个体虽拥有强烈的创业者角色认同，却发现他们的想法和行为并未获得关注和赞赏，甚至得到负面反馈时，则他们大概率会放弃继续创业。综上所述，本研究结果支持了以下观点：高水平的创业价值感知相比低水平，更有利于增强创业开发者及投资者角色认同对创业决策行为的正向影响。

然而，关于创业者改革者角色认同的验证结果，并未支持我们的假设，即创业价值感知在创业改革者角色认同与创业决策行为的关系中并未起到调节作用。对此结果，我们认为，在中国转型经济背景下，改革者角色认同并未被创业者和社会充分识别。在开发者角色认同和投资者角色认同占据主导地位的情况下，改革者角色认同虽然也会伴随出现，但往往难以成为创业者心中的首要考量，因此其对决策行为的影响相对较弱。再者，改革者角色的扮演因其较低的难度和风险而具有普遍性，这可能导致创业者较少考虑外界环境对其改革行为的认可或赞赏，从而进一步削弱了创业价值感知在改革者角色认同与创业决策行为之间的调节作用。

6.3.2　创业者社会网络的调节作用

对于创业者社会网络的调节作用，验证结果部分支持了我们的假设：相较于低水平的创业者社会网络而言，高水平的社会网络显著增强了创业自我效能对创业开发者角色认同的影响。即创业者社会网络越发达,其创业自我效能越能正向影响其对开发者角色的认同。这一结论与以往研究相契合。强调社会网络为创业者获得信息提供了便利,使他们能更快更全面地地吸收信息(Burt, 2000),进而增强对特定领域知识的自信(De Carolis, 2006)。同时,高水平的社会网络也增强了创业者对结果和不确定性的控制感,从而强化了其开发者角色的认同。

然而,对于投资者角色认同与改革者角色认同,本研究发现创业者社会网络并未在创业自我效能与这两种认同之间发挥调节作用。这可能与以下两个原因有关:第一,投资者角色和改革者角色认同的形成过程,对于来自社会环境的反馈以及社会网络的评价的重视度相对较弱,投资者和改革者可能更注重机会识别与风险控制,相对不太依赖社会网络的直接反馈与评价。第二,个人生活中的重大转折可能令个体对自我的创业者角色认同进行重新审视。生活的变化也会为个体带来新的社会关系,而这些关系很有可能对个体以前所认同的角色并不认可或赞赏(Ibarra, 2003)。社会关系网络的支持在这种角色转化的过程中也呈动态变化,本研究未能通过追踪数据深入探讨这一点,是研究的局限之一。

6.4 五个案例的比较研究

为了进一步直观地检验本研究所提出的"角色驱动力—角色认同—角色感知行为"的逻辑框架的科学性及合理性,我们选取了五位创业者作为案例研究对象,通过深入分析这些创业者在创业历程中自我效能和角色认同所发挥的作用,我们从实践角度出发,尝试回答前文提出的理论框架中的核心问题:不同水平的创业自我效能如何影响创业者角色认同,以及创业者角色认同又如何进一步影响他们的创业决策行为?为了在不影响研究效果的同时更好地保护被访者的隐私，根据被访者的要求，本研究将采用匿名方式，以公司 A、公司 B、公司 C、公司 D 及公司 E 来分别代表这些创业者所创建的企业。

6.4.1 公司 A 的基本情况及创业历程

陈先生于 1987 年创立了 A 公司，创业初期的资本总额为 500 万元。目前 A 公司年营业额为 3000 万元至 5000 万元之间，员工数为 30 人。

陈先生毕业于华中某 985 大学的工商管理专业，曾就职于某公司，担任高层管理职务。作为 A 公司的负责人，他目前专注于玻璃镜片切割、加工、生产、制造业务，并涉足汽车后视镜等领域。A 企业是全国少数几家拥有三轴切割机的玻璃镜面制造厂商之一，能够切割出具有大弧度的玻璃制品。

第一阶段：1987—1997 年。

（1）创业动机。

在访谈中，我们了解到陈先生拥有较强的正面人格特质，属于内控型人格，外向、合群、有责任感及冒险精神。他一直怀揣着创业梦想，渴望建立属于自己的公司。陈先生认为一个公司最重要的是产品品质，必须通过持续的研发来超越竞争对手，树立领导品牌地位，增强顾客对产品的信心与忠诚度，从而确保公司在市场中的稳固地位。

（2）经验与知识。

陈先生在创业初期并不具备玻璃产业的直接经验，他的专业背景也与此行业无直接关联。然而，他通过观察照相馆老板的切割过程，逐渐掌握了生产技能。

（3）机会感知。

陈先生在与朋友的交流中得知，在华北地区并没有后视镜专业玻璃加工厂，华北地区的镜片供应商主要依赖南方地区。陈先生据此意识到，后视镜玻璃镜片产业在华北地区具有巨大的发展潜力，于是毅然决定投身创业。

（4）市场定位。

创业初期，陈先生采取了低价位策略以吸引更多客户。随着公司经营逐渐稳定，生产技术产品品质不断提升，他转而采取高品质一般化售价策略，成功树立了良好的形象与口碑。进入创业中期后，面对国内的饱和态势，陈先生计划将业务拓展至东南亚各国，并在本土市场实施差异化策略以提高品质。

（5）资源获取。

创业初期，陈先生以独资方式经营A公司，全面负责公司的各项业务。随着产品品质的提升和客源的持续增长，他在创业中期与两个兄弟合资成立了另一个生产工厂，加入光学镜片的生产，产品主要销往欧美市场。

（6）资源积累。

陈先生初创公司A时，资源相当匮乏，厂房内只有老板一人，并用手工方式切割玻璃。之后，公司逐渐接到稳定的订单，财务状况获得改善，才开始筹划扩建工厂，并购入切割玻璃的机器与电镀机等设备。

第二阶段：1997年至今。

（1）经验与知识。

陈先生因为长期制作汽车后视镜用玻璃镜片而掌握制作玻璃镜片的技术，从而开始涉足其他与玻璃相关的产品领域，如：电脑护目镜、蓝镜等。参加各种培训课程，研读期刊，从中吸收更多制作的相关知识。

（2）机会感知。

公司A的主要销售地点为东南亚，因技术被当地厂商模仿，从而被迫通过降价来竞争市场，最终公司退出东南亚市场。幸好当时欧美各国要求高品质的产品，与公司的生产标准相符合，因此，公司开始进入欧美市场，开拓新的市场领域。

（3）市场定位。

公司A因应欧美市场的要求而提升产品质量，重新拟定差异化的市场定位，即高品质、中高价位。于是，在掌握扩展市场的有利时机的基础上，不断地进行上下游整合。

（4）资源获取。

随着公司的稳定，陈先生通过良好的信用度从银行获取部分贷款资金，利用个人在公司的股份、公司盈利及亲朋好友的投资合资，对公司规模进行持续扩张，成立另一个生产工厂。

（5）资源积累。

陈先生通过参加各种社会活动认识了更多的企业经营者，因此拓展了人脉。他一方面委托高校科研院所协助开发先进机器设备；另一方面与华东科技大学进行产学研合作，开发新的机器设备。

A公司创业历程图如图6-1所示。

6.4.2 公司B的基本情况及创业历程

B公司成立于1988年10月，创业初期资本额为50万元，员工人数为8人；目前资本额为2000万元，员工人数为30人。

苏先生毕业于西北某985大学管理专业，曾经担任该校管理系教授，他创办的B企业1988年至1998年的业务为塑胶射出代工，为争取OE车厂的订单，该公司于1998年通过ISO 9001认证，并且顺利获得OE车厂的零件代工。基于对创业活动的向往及对创业价值的追求，苏先生放弃高校教师的工作，开始了创业之路。

第6章 讨 论

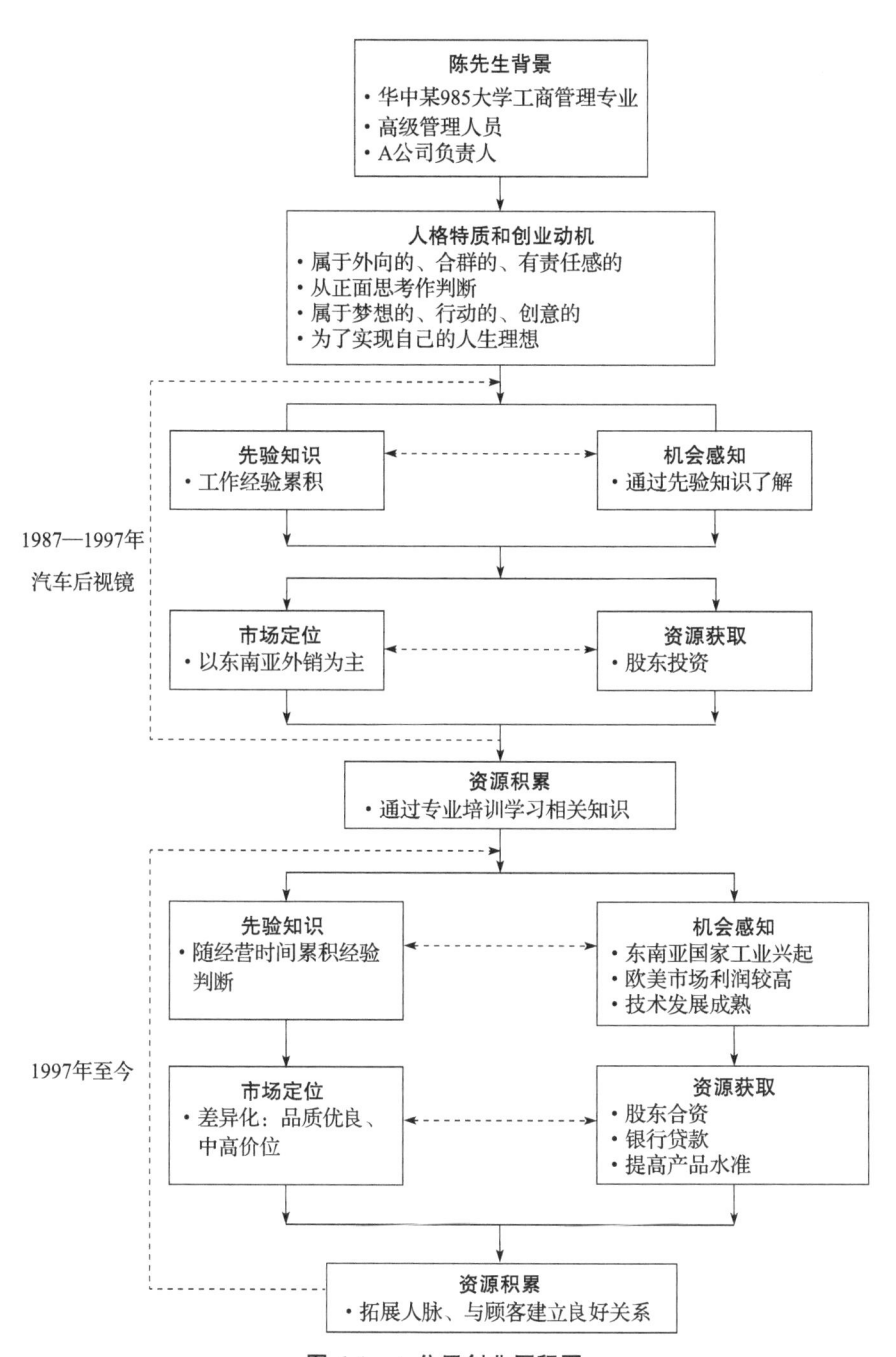

```
                    ┌─────────────────────────┐
                    │      陈先生背景           │
                    │ • 华中某985大学工商管理专业 │
                    │ • 高级管理人员            │
                    │ • A公司负责人             │
                    └─────────────────────────┘
                               │
                               ▼
                    ┌─────────────────────────┐
                    │    人格特质和创业动机      │
                    │ • 属于外向的、合群的、有责任感的 │
                    │ • 从正面思考作判断         │
                    │ • 属于梦想的、行动的、创意的 │
                    │ • 为了实现自己的人生理想    │
                    └─────────────────────────┘
                          │           │
                          ▼           ▼
              ┌──────────────┐   ┌──────────────┐
              │   先验知识    │◄─►│   机会感知    │
              │ • 工作经验累积│   │ • 通过先验知识了解│
              └──────────────┘   └──────────────┘
1987—1997年         │                   │
汽车后视镜          ▼                   ▼
              ┌──────────────┐   ┌──────────────┐
              │   市场定位    │◄─►│   资源获取    │
              │ • 以东南亚外销为主│ │ • 股东投资   │
              └──────────────┘   └──────────────┘
                          │           │
                          ▼           ▼
                    ┌─────────────────────────┐
                    │       资源积累           │
                    │ • 通过专业培训学习相关知识 │
                    └─────────────────────────┘
                          │           │
                          ▼           ▼
              ┌──────────────┐   ┌──────────────┐
              │   先验知识    │◄─►│   机会感知    │
              │ • 随经营时间累积│ │ • 东南亚国家工业兴起│
              │   经验判断    │   │ • 欧美市场利润较高│
              │              │   │ • 技术发展成熟  │
              └──────────────┘   └──────────────┘
1997年至今          │                   │
                   ▼                   ▼
              ┌──────────────┐   ┌──────────────┐
              │   市场定位    │◄─►│   资源获取    │
              │ • 差异化：品质优良、│ • 股东合资    │
              │   中高价位    │   │ • 银行贷款    │
              │              │   │ • 提高产品水准 │
              └──────────────┘   └──────────────┘
                          │           │
                          ▼           ▼
                    ┌─────────────────────────┐
                    │       资源积累           │
                    │ • 拓展人脉、与顾客建立良好关系│
                    └─────────────────────────┘
```

图 6-1　A 公司创业历程图

161

第一阶段：1988—1997年。

（1）创业动机。

根据对苏先生的访谈发现，他具有较强的正向人格特质，属于合群的、有责任感的、稳健的性格，并且属于内控人格。苏先生曾说："我自己在判断事情时，会从正面思考，如此才能做出正确的决策。"苏先生也提到自己的座右铭——积极、乐观、进取。由此看来，苏先生能够拥有成功的事业，与其性格有密切关系。苏先生放弃稳定的工作而选择开创自己的企业是为了实现自我的价值，出于对自身条件的分析和判断，他认为自己完全有能力开创一番事业，从而更好地发挥自己的经验和才学。

（2）经验与知识。

苏先生除了学校知识外，还经常参与研讨会或者听演讲，以吸收别人的经验。苏先生说："花钱去学校上课，只要你在这堂课上听到一句有用的话，那就值得了！"因此，他在每一次学习中都积累了与创业相关的丰富知识，这有利于他对市场机会的辨识与把握。

（3）机会感知。

苏先生提到，B公司刚开始是从事塑胶射出代工，包括玩具、汽车方面的塑胶等。在公司发展的初期，由于南方普遍是塑胶代工生产企业，因此创业的技术门槛相对较低。同时，苏先生所学专业为管理，结合主客观条件，他选择了从事塑胶射出代工作为创业起点。

（4）市场定位。

苏先生在创业初期，以从事客户代工为市场定位，他说："当时南方处于人工充裕但是技术不成熟的时期，由于公司生产成本非常低，这使得我们能够以低成本优势在市场中立足。"

（5）资源获取。

公司开创初期，通过股东们合资取得所需的资金。对于这段经历，苏先生是这样描述的:"当初成立 B 公司,资金取得非常困难,多亏亲朋好友的资助,我们才得以筹集到启动资金。"

(6)资源积累。

当时我国大部分工厂属于家庭式工厂,没有工业区,因此,我们通过代工业务逐渐积累了资金并不断改善设备,以扩充厂房。

第二阶段:1998 年至今。

(1)经验与知识。

随着时间的推移,经验的积累为苏先生经营公司提供了很强有力的支持。苏先生说:"有足够的专业知识、依靠经验的积累、培养创业者比其他人更为敏锐的市场判断的能力、迅速地发现机会并把握有利的时机,从而开创最具潜力的新兴市场。"

(2)机会感知。

1998 年,B 公司通过了 ISO 9001 的认证,并投入第二阶段的 OE 车厂,从事汽车塑胶零件服务的车场包括 TOYOTA 等。苏先生提到:"在通过 ISO 认证后,OE 就是本公司的目标市场机会。当机会确认之后,必须开发渠道使业务增加,以及评估市场价值。在内部管理方面,身为一位企业领导者,必须有能力判断市场机会,才能在市场中洞察先机,掌握市场机遇。"

(3)市场定位。

B 公司采用集中差异化战略,专注于高阶产品和 OE 产品,并将市场定位聚焦于汽车中心轮轴盖领域。苏先生认为差异化战略可以摆脱低价竞争。

(4)资源获取。

苏先生提到,在资金方面,他们除了股票市场外,还通过向银行贷款来获取所需资金。而技术方面，通过广泛的阅读报纸杂志来获得相关的情报与知识，从而灵活适时地调整公司的战略方向。

（5）资源积累。

创业初期，苏先生完成对公司的资源积累，从家庭代工厂规模开始逐渐扩大，并与顾客建立良好的互动关系，逐步拓展自身的人脉和社会网络。在资金积累方面，苏先生与银行建立了良好的关系，赢得了银行的信赖，这为公司的创业资金提供了保障。

B公司创业历程图如图6-2所示。

6.4.3　公司C的基本情况及创业历程

曾先生于1989年7月成立C公司。他毕业于华南某985大学机电专业，曾于某知名塑化企业任职3年。C公司创业初期的资本额为200万元；后资本额提升至500万元，年营业额3500万元至4500万元，员工人数为13人。公司的主要业务包括塑胶染色、色母制造及塑胶原料买卖。

第一阶段：1989—2002年。

（1）创业动机。

访谈中，我们发现曾先生属于内控人格，外向、合群、有冒险精神。他选择创业主要是因为原公司的待遇和"为人作嫁衣"的状况不能满足他的需求，他渴望在行业中占有一席之地，并证明自己有能力经营好属于自己的公司。另外，曾先生强调，让客户对其产品满意，才能提升客户对公司的信任度。

（2）经验与知识。

在某知名塑化企业工作的三年里，曾先生不仅认真工作，还积累了大量关于公司经营的专业知识，因而激发了他到大陆投入塑胶产业创业的欲望。

第6章 讨 论

```
┌─────────────────────────────────┐
│          苏先生背景              │
│ • 西北某985大学管理专业           │
│ • 曾任西北工业大学管理系教授      │
│ • B公司负责人                    │
└─────────────────────────────────┘
              ↓
┌─────────────────────────────────┐
│          人格特质                │
│ • 属于外向的、合群的、有责任感的、稳健的 │
│ • 属于内控人格                   │
│ • 座右铭：积极、乐观、进取        │
│ • 为了实现自我价值               │
└─────────────────────────────────┘
```

1988—1997年 汽车塑胶零件

先验知识	机会感知
• 教学相长、听讲座、看书，累积基本知识	• 塑胶射出代工 • 例如：玩具

市场定位	资源获取
• 替客户做代工	• 股东投资

资源积累
• 以家庭式工厂赚取利润并积累资源

1998年至今 ISO认证，建OE车厂

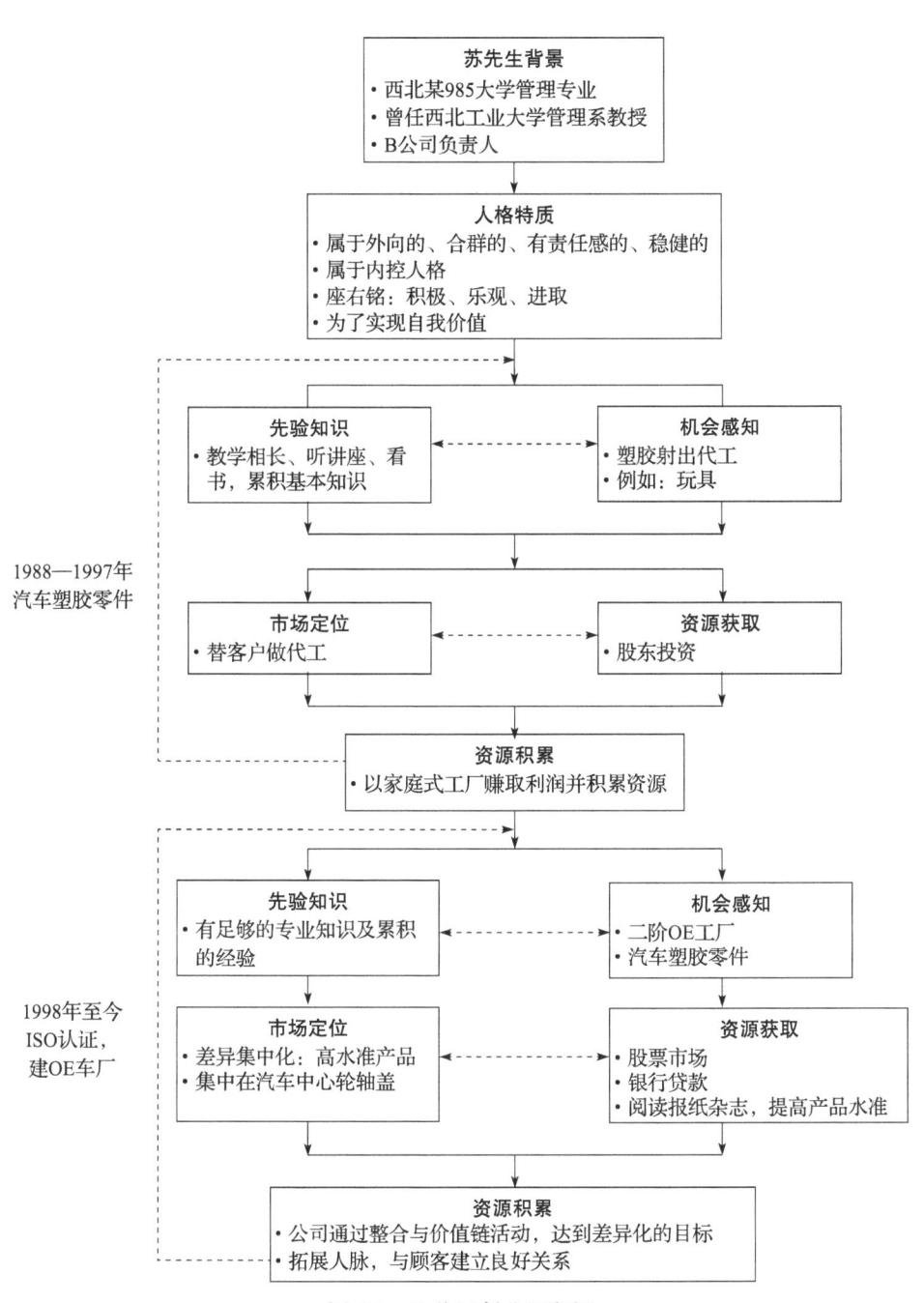

先验知识	机会感知
• 有足够的专业知识及累积的经验	• 二阶OE工厂 • 汽车塑胶零件

市场定位	资源获取
• 差异集中化：高水准产品 • 集中在汽车中心轮轴盖	• 股票市场 • 银行贷款 • 阅读报纸杂志，提高产品水准

资源积累
• 公司通过整合与价值链活动，达到差异化的目标
• 拓展人脉，与顾客建立良好关系

图 6-2　B公司创业历程图

（3）机会感知。

在某知名塑化企业工作期间，曾先生与同事约定共同创业。离职后，他的同事前往其他城市继续学习有关塑胶的知识。由于曾先生与同事对于塑胶方面具备一定的专业知识与经验，因此，曾先生决定投身塑胶产业。

（4）市场定位。

创业初期，C公司缺乏技术及固定客户群。因此主要从事加工，包括普通加工与特殊加工。曾先生认为特殊加工必须付出较多的人力并且需要经过市场的规模效应才能成功。因此，C公司选择了普通加工，并未形成明显的市场定位。

（5）资源获取。

C公司创业初期资金有限，银行贷款条件又很难满足（需要评估公司的运营情况、营业额及设备等是否符合银行的规定才能够贷款）。所以资金来源是相当有限的。除了与股东合资之外，曾先生还通过向亲朋好友借款来筹集资金。幸运的是，由于公司声誉良好，所以每次资金需求都能顺利得到满足。

（6）资源积累。

创业初期，C公司的厂房及设备都是租赁的，而且订单并不多。但曾先生总是想办法争取订单，并且按客户的要求做到最好，赢得客户的信任和良好口碑。至今，客户对C公司的产品评价极高，这是让曾先生最为骄傲的资源。

第二阶段：2003年至今。

（1）经验与知识。

当C公司逐渐进入稳定发展阶段后，曾先生认为应该继续学习关于塑胶的知识才能让公司进一步的成长。因此曾先生参加由高校或行业组织举办的讲座，边工作边学习产业知识，从而对塑胶产业越来越了解，对于塑胶的附

第6章 讨 论

加产品也更加熟悉。正因为如此，当公司面临危机困难时才能够化险为夷。

（2）机会感知。

由于2003年塑胶产业开始向国外转移，进而造成国内产业订单部分流失，使得许多工厂因为没有订单而倒闭。为了避免公司倒闭，曾先生改变了经营策略，将加工与买卖的比例分别调整为70%与30%，以此来弥补订单流失的损失。

（3）市场定位。

曾先生强调在创业发展过程中一个明确又合理的市场定位将扮演非常重要的角色。曾先生提到若是公司没有合适的市场定位，将无法于成熟的塑胶市场中寻求竞争优势进而崭露头角。由于C公司的品质控制与同业间差异较大，虽然成本较高，但是客户通常都愿意接受。曾先生提到："若要让客户长期使用我们的产品，就必须要让客户对产品产生依赖性。"因此，C公司对于自己产品的品质要求非常高，产品次品率必须降到最低，故差异化战略为C公司的市场定位。

（4）资源获取。

就技术而言，曾先生认为从工作中所积累的经验与技术非常重要。此外，他也鼓励通过积极参加有关塑胶专业知识的培训来获取技术，认为这是非常有效的途径；资金来源方面，除了原始股东的投资之外，公司体制渐渐稳定后，也符合了银行贷款的相关规定。因此，银行贷款也是公司资金获取的另一个重要且有效的渠道。

（5）资源积累。

就人脉而言，曾先生认为经营事业一定要广结善缘，如此才能发掘更多更新的机会。例如：参加行业组织、MBA培训班及行业的相关年会等。通过自己的人脉，也许能够帮助公司争取到更多订单，或许能够通过彼此间的互助来发掘新的投资机会。C公司创业历程图如图6-3所示。

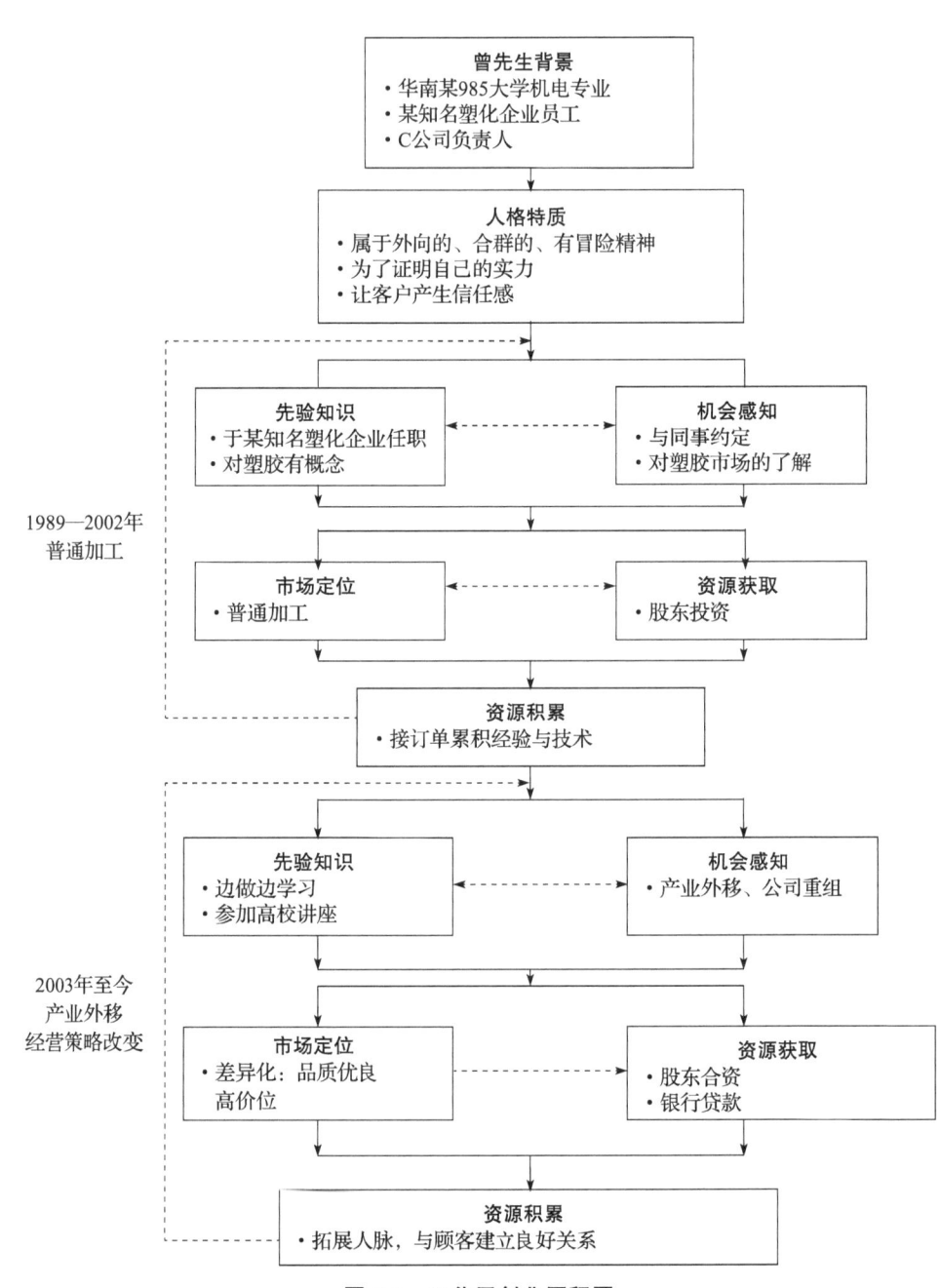

图 6-3 C 公司创业历程图

6.4.4　公司 D 的基本情况及创业历程

林先生于 1994 年创立 D 公司，创业初期的注册资本约为 500 万元，公司于 2007 年宣布破产。林先生毕业于河北某大学管理专业，曾经担任过营销部职员、项目经理，后为某企业做营销顾问，曾有过 13 年的创业经历，主要业务为家用纺织品。

第一阶段：1994—2000 年。

（1）创业动机。

从访谈中发现，林先生的性格外向、有责任感。对当时的创业经历，林先生是这样回忆的：当时与同事创业凭借的是专业判断，识别出市场需求与产品供给之间不相适应，看到如此难得的市场契机，加之不满足于现有物质和精神回报，所以决定放手一搏，与其为别人打江山，不如开创属于自己的事业，因此，林先生与志同道合的同事一起，凭借年轻人的激情和干劲，毅然踏上创业之路。

（2）经验与知识。

林先生曾经有过营销的工作经验，故对企业客户需求与市场开发有一定见解，又因为业务的需求，曾在纺织行业做过生产管理人员，所以对产业发展及相关技术有一定了解。

（3）机会感知。

林先生敏锐地洞察到家纺企业产品模式单一、技术迭代缓慢，市场响应滞后的问题，认为提升产品质量、丰富产品种类、满足个性化需求将是市场新机遇。加上浙江绍兴良好的行业环境，所以他决定投身家纺创业大潮。

（4）市场定位。

林先生创业初期以低成本策略，通过高技术来提高产品的多样性，由于理想的市场定位，因而获得顾客的青睐。

（5）资源获取。

创业初期，林先生与同事合资，并通过自主研发及派遣公司技术人员海外学习，确保公司技术与资金双重支持，推动公司顺利起步。

（6）资源积累。

公司初期通过采购先进设备、引进先进技术稳固市场地位，同时股东每人薪资为10000元每月，支持公司资金积累。随着公司的订单量稳步增长，财务状况也逐步趋于稳定。

第二阶段：2000—2007年。

（1）经验与知识。

通过经验积累，林先生对纺织材料与技术有了深刻的了解，并且对上下游的利益相关者也有了更全面的认知。此外，他还聘请了纺织院校的专家教授到企业实施培训、开展讲座或教授相关技能课程。在培训和产学结合的互动过程中，知识和视野不断获得更新和开拓。

（2）机会感知。

林先生的公司从现有的产品系列中赚取了不少利润，当时，有客户提出了关于高密织产品的需求。因此，合伙公司意识到高密织产品是企业的一个短板，而市场需求尚未被满足。他们试图由林先生成立一个专门服务于高端产品的子公司。然而，由于部分股东意见不统一，这一计划最终放弃。林先生认为这是一个优势明显的市场机会，应及时把握，所以他毅然决然地退出了合伙公司，开始了高附加值纺织品的创业行动。

（3）资源获取。

林先生用退股后的资金独立投资创办了新公司，幸运的是，当时政府鼓励中小企业投资，并提供了低利率贷款，这使得林先生能够克服财务上的困难。他利用这些资金引进了先进设备和技术人才，以期二次创业能够成功。然而，这次尝试最终仍以失败告终。

（4）资源积累。

林先生为了提高产品质量及顾客服务质量，决定购买新的设备和厂房，并高薪引进研发人员，再加上之前的创业经验的积累，使得新公司在一个月之后步入创业之路的轨道。D公司创业历程图如图6-4所示。

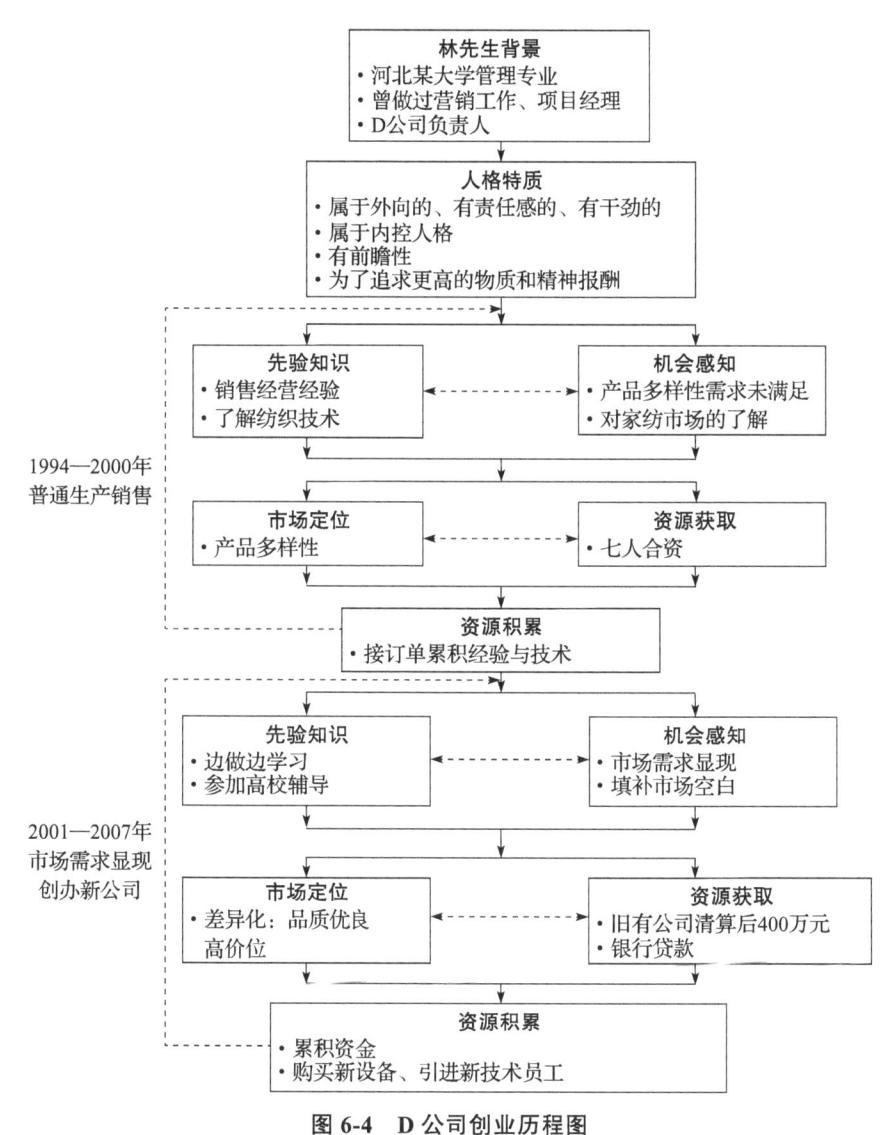

林先生背景
- 河北某大学管理专业
- 曾做过营销工作、项目经理
- D公司负责人

人格特质
- 属于外向的、有责任感的、有干劲的
- 属于内控人格
- 有前瞻性
- 为了追求更高的物质和精神报酬

1994—2000年
普通生产销售

先验知识
- 销售经营经验
- 了解纺织技术

机会感知
- 产品多样性需求未满足
- 对家纺市场的了解

市场定位
- 产品多样性

资源获取
- 七人合资

资源积累
- 接订单累积经验与技术

2001—2007年
市场需求显现
创办新公司

先验知识
- 边做边学习
- 参加高校辅导

机会感知
- 市场需求显现
- 填补市场空白

市场定位
- 差异化：品质优良 高价位

资源获取
- 旧有公司清算后400万元
- 银行贷款

资源积累
- 累积资金
- 购买新设备、引进新技术员工

图6-4 D公司创业历程图

6.4.5 公司 E 的基本情况及创业历程

甘小姐于 2004 年创立公司 E，创业初期的资本额为 450 万元，目前的资本累积约 8000 万元。

甘小姐毕业于西南某 985 大学管理专业，曾经担任东阳汽车公司的厂务助理，后为 E 公司董事长。E 公司的主要业务是喷焊，作为投资 H.V.O.V 喷涂机械的购买商，可提供特殊产品的生产与服务。虽然公司成立时间不长，但 E 公司为自己确定的目标是迈向国际化，通过技术提升争取国外订单，从而形成长期稳定的竞争优势。甘小姐作为该公司的投资方，以投资者的身份开始了她的创业之路。

第一阶段：2004—2007 年。

（1）创业动机。

访谈中发现，甘小姐具有很强的正向人格特质，属于内控人格且为保守的、有责任感的，并且有远见。由于自身有一定经济实力，家庭有经商背景，在长辈的鼓励和支持下，当她识别到市场有发展契机时，便选准投资方向，找到合作伙伴，创办属于自己的企业。甘小姐认为企业最为重要的是差异化，而且必须不断研发有别于其他公司的新产品，稳定目前的客户源，并开发新的市场，让公司实现可持续发展。

（2）经验和知识。

甘小姐在西南某 985 大学管理系学习期间，不仅深入学习了与管理相关的知识，还积极参与企业调研活动，以了解企业运作的实际情况。此外，她还选修英语作为第二学位。毕业后，曾在某汽车公司担任厂务助理，因而学习了许多实用的管理技术与工作技巧。作为投资人、合伙人，甘小姐为该行业的早期实践者，对行业发展有很强的认知，并对公司运营有一定经验。

（3）机会感知。

甘小姐提到，经济快速发展，我国兼具成本及技术上的优势。基于她的专业知识与职场上的经验，加之敏锐的分析能力和判断力，通过详细的调研分析，她认为伸线轮市场仍然处于萌芽阶段，因此这一市场具有相当大的潜力。所以甘小姐决定对该行业进行投资，开展创业行动成立E公司，主要业务为电线、电缆的喷焊加工服务。

（4）市场定位。

甘小姐提到，E公司在创业初期并未设定明确的市场定位，而是依靠自身的专业能力生产伸线轮相关产品。随着公司的发展，经过不断的探索和实践，逐渐稳定并扩大了客户群。之后，E公司逐渐以差异化战略作为自己的市场定位，并逐渐形成自己的竞争优势。

（5）资源获取。

E公司创立初期，资金主要源自甘小姐的个人投资，而创业团队则是由一群志同道合、相互信任的朋友和同事组成。为了弥补技术短板，公司积极寻求合资股东，整合各领域专业人才，增强产品理解和竞争力。在有限的资金支持下，凭借强大的技术与人力资源团队，E公司逐渐稳固并实现了显著发展。

（6）资源积累。

甘小姐及其团队凭借丰富的专业知识和工作经验，在创业过程中不断精进。他们经受住专业领域的考验，技术知识与管理能力显著提升。通过精准的市场定位和新技术的引入，公司营业额持续增长，资金实力得到显著积累。

第二阶段：2007年至今。

（1）经验与知识。

先前的工作经验及公司成立后的磨炼，使得甘小姐对整个大环境有更深入的了解。由于与供应商和顾客业务往来及良好的互动关系，使得甘小姐对于市场机会与威胁有高度的敏锐性。与此同时，甘小姐参加了浙江大学的 MBA 班课程学习，不仅与同为企业管理人员的同学建立了广泛的联系，拓展了自己的社会网络；而且在经验管理领域学习到了前沿的理论知识，通过实践案例的讨论，引发了自己对公司的经营与发展的新的思考。新知识新体会为甘小姐对企业实施先进的战略管理提供了前提保证。

（2）机会辨识。

E 公司从单一的伸线轮产品起步，顺应经济发展趋势，逐步扩展至电线、电缆类等相关产品领域，不断拓宽客户群和市场范围。同时，公司还涉足电子、化工及零件加工业，以实现规模经济。在追求产品寻求多样化的过程中，E 公司持续寻找并把握新的市场机遇。

（3）市场定位。

为了规避行业的低人工成本的威胁性，E 公司一方面渐渐降低产品的成本，以维持公司的竞争力，另一方面也通过引进先进机器设备来提升产品的品质。E 公司以低成本、高品质的产品来稳定目前顾客并开拓新顾客，以更好地在市场立足。但随着市场环境的变化和客户需求的不断改变，E 公司也及时调整市场定位策略，选择差异化战略，为企业建立竞争优势提供新的契机，这是公司成功的关键一步。

（4）资源获取。

为获取新订单，E 公司积极利用多种渠道，如网络、大型展览及多种推广活动，拓展新市场开发并吸引新客户。同时，公司不断研发新产品，并以新技术满足市场的多样化需求，稳固并提升市场占有率，赢得顾客信赖。凭借良好的商誉，E 公司能够从银行获得贷款支持，为企业的发展壮大提供坚实的资金基础。

（5）资源积累。

面对同行业的削价竞争，结合公司长远战略规划，甘小姐认为国际化是企业发展的必由之路。因此，E公司已与东南亚市场建立联系，并设立海外办事处和工厂，以满足国际订单需求，增强与客户的互动。同时，利用先前建立的人脉网络，公司争取到更多订单，并在互助合作中发掘新的投资机会。E公司创业历程图如图6-5所示。

甘小姐背景
- 西南某985大学管理专业
- 曾任汽车公司厂务助理
- E公司投资人

人格特质
- 属于外向的、合群的、有责任感的、稳健的
- 属于内控人格
- 有远见、机会敏感度高
- 受家庭影响，希望成为创业家

2004—2007年 普通生产销售

先验知识
- 学校学习、工作积累

机会感知
- 市场尚未开发

市场定位
- 低成本集中化

资源获取
- 公司的主要投资方

资源积累
- 资本、工作经验的积累

2007年至今 市场需求显现 创办新公司

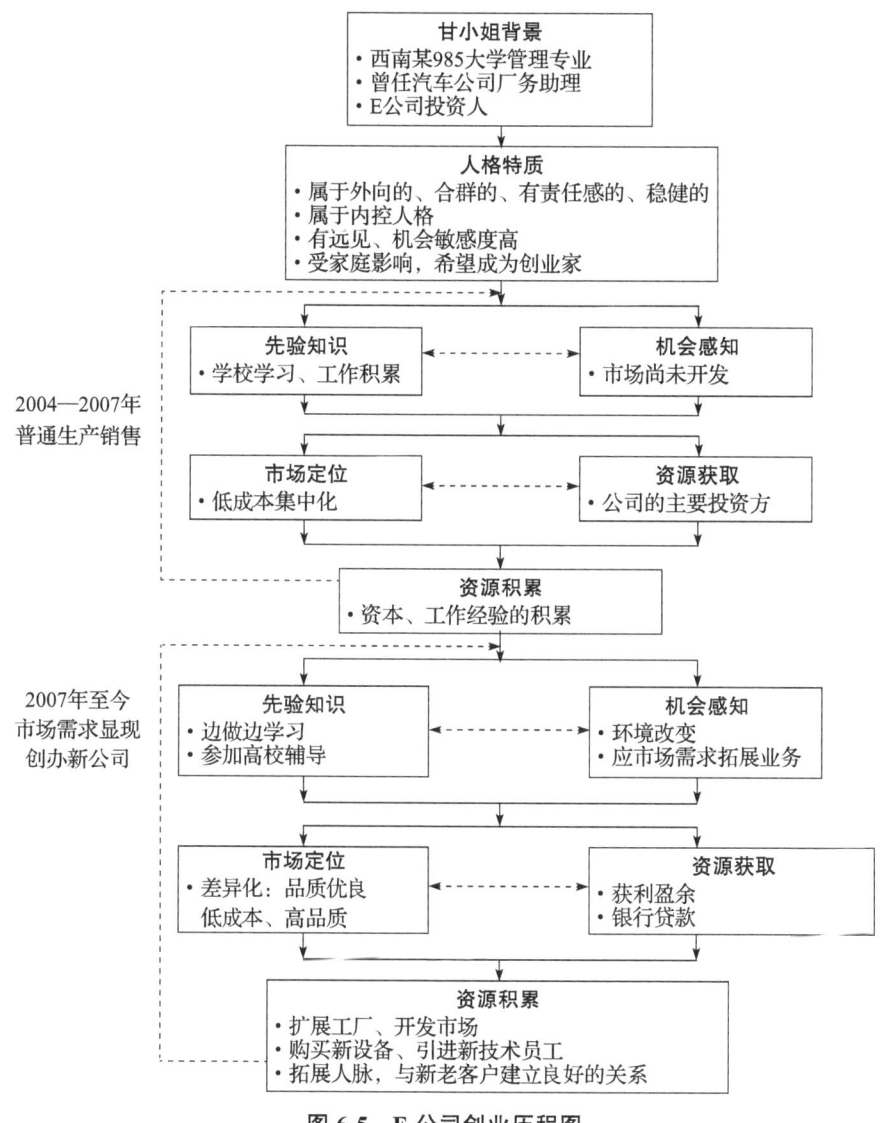

先验知识
- 边做边学习
- 参加高校辅导

机会感知
- 环境改变
- 应市场需求拓展业务

市场定位
- 差异化：品质优良
- 低成本、高品质

资源获取
- 获利盈余
- 银行贷款

资源积累
- 扩展工厂、开发市场
- 购买新设备、引进新技术员工
- 拓展人脉，与新老客户建立良好的关系

图6-5 E公司创业历程图

6.4.6 案例比较分析

以上5个案例展示了5位创业者不同的创业历程，每位创业者都拥有不同的创业动机，因此产生了不同的角色认同和创业决策行为。通过访谈，我们发现这5位创业者的创业历程均有力支持了创业决策行为与创业动机之间的紧密联系。同时，在创业自我效能对创业决策行为产生影响的过程中，每位创业者都展现出了不同的创业角色认同，这进一步为我们的假设模型提供了有力支持，并做出了深入诠释。

6.4.6.1 创业自我效能

5个案例均不同程度上反映了创业者在做出创业决策时所展现出的自我效能水平。结合创业者的个性特质、创业初期的经验与知识、机会辨识的能力及获取资源的能力，每位创业者对自己能否取得创业成功都有独特的自我评价。正是这种对自我能力的认知和对创业前景的预期，深刻影响了每位创业者的创业决策行为。它不仅决定了创业者是否愿意承担创业的重任，还决定了在创业过程中面临障碍和困境时，他们会付出多少努力，坚持多久。自我效能感越强，付出的努力就越多，持续的时间就越长。当遭遇困境时，那些被能力自我怀疑困扰的人可能会减少努力甚至放弃；而那些有强烈效能感的人们则会加倍努力，克服困难。

A公司的陈先生外向、合群、有责任感并具冒险精神，他一直认为加入创业大军、建立属于自己的公司是自己向往的目标，在积累了一定的经营管理和行业技术经验，并掌握了一定的市场信息后，他确信自己有能力实现创业目标，于是毅然创办了自己的公司。人们倾向于选择自己认为能够胜任的任务，因此，当陈先生对自己的创业能力充满自信时，便放弃了原有工作，迎接创业挑战。同样，B公司的苏先生也是在生活稳定、工作轻松的状态下，迎来了他职业生涯中的一次重要转折，"为什么开始创业"

这个问题苏先生回答得非常简单,"没有为什么,就是觉得是时候该这么做了!"这句话既表达了他对创业的迫切渴望,也反映了他对自己的前期积累与创业要求相匹配的能力的信心。这种信心在他开始创业的那一天就转化成了支撑他坚持下去的信念,不仅预示了他的成功,更帮助他创造了今天的成就。此外,苏先生还透露了他对自己在执教道路上难以获得更大成功的预测,这进一步印证了自我效能水平在不同领域中的差异性影响行为选择(Bandra,1997)。C公司的曾先生则因为对原公司待遇和工作环境的不满,决定创业以证明自己确实具有经营属于自己的公司的实力并寻求更大的发展空间。他对自己的创业能力充满信心,并在意识到能力与现有平台不匹配时,果断选择了新的创业道路。D公司的林先生与同事创业则是基于专业判断和对市场需求的敏锐洞察。他们识别出市场缺口并决定放手一搏。这种"推"式创业的动机源于对现状的不满和改变的强烈愿望,但由于对创业行为把握不足,其创业自我效能水平相对较低。因此在创业遇到阻力和困难时,他们更容易将失败归因为自己的能力不足,所以很容易放弃,这也为林先生最终放弃做出了合理的解释。E公司的甘小姐是5个案例中唯一的一位女性,她受到家庭的影响而开始创业,凭借经济实力和社会网络的支撑成立了新公司。甘小姐对自己的创业能力非常有自信,这让她在创业道路上展现出了不断创新、锲而不舍的精神。这5位创业者的经历再次验证了创业自我效能对创业决策行为的影响。

6.4.6.2 创业角色认同

依据与不同角色认同相关联的不同的创业活动,本文提出了三种角色认同类型:①开发者角色——创业者的创业激情来自对新的机会的识别、创造和开发活动;②投资者角色——创业者的创业激情来自为了利用机会并使其商业化而建立新的事业的活动;③改革者角色——创业者的创业激情来自与培养、发展和扩大已经建立的事业相关的活动。在本章介绍的5个案例中,

5位创业者分别代表了这三种创业角色认同类型。其中，A公司的陈先生、B公司的苏先生和C公司的曾先生均展现了开发者角色认同，而D公司的林先生和E公司的甘小姐分别代表了改革者角色认同和投资者角色认同。

A公司的陈先生在对自己的创业能力和创业机遇进行充分调研和分析后，提升了创业自我效能，进而形成创业决策，在这个过程中，陈先生的创业激情源自对新机会的识别与开发；B公司的苏先生，其角色认同随着时间的推移发生了变化，在创业之前，苏先生的教师角色认同较为突出，影响了他作为执教行为。然而，在识别并判断市场机遇的过程中，加之个人经验的积累，苏先生的角色认同逐渐发生了转变，从教师转变成创业者。这一转变削弱了他与教师角色相关的行为，而且极大地强化了他与开发者角色相关的行为。最终，创业角色认同的形成成为苏先生的创业决策行为的催化剂。C公司的曾先生是对华北的市场环境充满极大信心并善于把握市场先机的创业者。在创业初期，他的创业角色认同就非常明确，开发者的角色认同在其职业生涯发展中就已打下坚实基础。当发现好的商机时，这种角色认同便突显出来，从而驱动他形成创业决策行为。D公司的林先生在第二次创业的过程中形成了明显的改革者角色认同，他发现了成熟的企业中的新机遇，并极力主张利用这一机会来为公司建立竞争优势。正是这一主张，促使他形成了改革者角色认同。因此，他的创业激情主要源自对培养、发展和扩大已建立事业的热情。在这一过程中，创业自我效能依然发挥着重要作用。然而，由于林先生对该角色的认同程度不高，他在遇到阻力和困难时，很容易改变这种认同。这导致他倾向于避免与该认同相对应的创业行为，所以放弃创业决策行为也在情理之中。E公司的甘小姐代表了投资者角色认同，尽管不直接经营企业，但她受到家庭熏陶和财力支持，使她的创业激情来自为了利用机会并使其商业化而建立新的事业的活动，对于企业的创业过程，找准机会，她对自己的投资能力充满自信，在经营企业的过程中，她始终关注企业的融资和发展目标，投资者角色认同深刻影响了她的创业决策行为。以上 5 个案例的分析再一次验证了本研究的假设：创业自我效能通过创业角色认同对创业决策行为产生影响。

6.4.6.3 创业决策行为

创业决策行为是在对自己的经验与知识进行判断，并辨识市场机会的基础上，由创业自我效能与创业角色认同的形成而促成的。这种认知整合的结果不仅体现在创业决策行为的形成上，还体现在创业者在后续创业过程中的精神风貌，以及面对挑战和困境时所展现的信念上。

陈先生是个具有梦想并勇于实现梦想的创业者，他凭借对先验知识的评估来发现市场机会，成立了 A 公司。以玻璃镜面切割为主营业务的 A 公司成立，通过对当时的汽车后视镜市场需求判断，进而推出蓝镜镜面的汽车后视镜并占据一定市场，由于较好地满足当时的市场需求，使得 A 公司快速积累知名度，在不断创新技术水平的基础上，企业不断发展壮大。陈先生的创业决策行为始终保持积极、坚韧的风格，这也是其形成的开发者角色认同的影响结果。B 公司的苏先生放弃自己稳定的教师工作后，不仅做出了创业的选择，而且在创业过程中不断整合外部和内部资源，寻找新的机会，研发新的产品，满足不断变化的市场需求，我们也可以认为其创业决策行为表现是受到了创业自我效能和创业角色认同的深刻影响。而 C 公司的曾先生在创办企业后，认为从工作中所积累的经验与技术非常重要，是企业活力的源泉，还鼓励通过积极参加有关塑胶专业知识的培训来获取技术，认为这是非常有效的途径。除此之外，曾先生认为经营事业一定要广结善缘，如此才能发掘更多更新的机会。例如：参加行业组织、MBA 培训班及行业的相关年会等。从积累的人脉中，也许能够帮助公司争取订单，或许能够从彼此间的互助来发掘新的投资机会。这些创业决策行为都受到了其开发者的角色认同的影响。D 公司的林先生形成的改革者角色认同，促使他对公司现状发出挑战，挖掘新的机会，并积极投入利用该机会的努力中，虽然最终以失败告终，但改革者角色认同影响了他的改革行为，这与本研究假设相符。E 公司的甘小姐在创业过程中积极持续投资，发现新的机会，并努力令其商业化的过程也受到了投资者角色认同的影响。

综上 5 个典型的案例证明了本研究建立的模型中的假设关系，即创业自我效能通过开发者角色认同（案例 A、B、C）、投资者角色认同（案例 D）、改革者角色认同（案例 E）来影响创业决策行为。

第7章
结　论

7.1 基本结论

本研究描述了创业者在做出创业选择时经历的心理认知过程，并分析了创业自我效能、创业角色认同等构念在创业决策行为中的关键作用。围绕核心研究问题，我们系统梳理了相关历史研究文献，提炼了模型所涉及的主要因素，并基于理论推演构建了要素之间的结构性关系，针对各假设关系展开了验证及讨论。基于前人的研究成果和我国创业者所面临的宏微观环境的特殊性，我们对各变量的度量方法进行了筛选和完善。我们针对搭建的整体结构模型，利用问卷调查所收集到的一手数据对模型进行了验证。我们将模型验证结果与前人研究结论进行比较分析，对本研究提出的假设的验证结论所说明的问题进行了讨论。本研究的主要目的在于探析创业动机的根源——创业自我效能对创业决策行为的影响路径。我们在理论上将创业自我效能视为一种角色驱动的能力（Role Driven Competence），这种能力的差异塑造了创业者不同的自我认知模式，即创业角色认同的差异，进而影响了他们的角色感知行为，即创业决策行为。本研究基于社会认知理论、角色认同理论和行为决策理论，阐述了创业自我效能（作为角色驱动的能力）——开发者角色认同、投资者角色认同和改革者角色认同——创业决策行为（作为角色感知行为）的作用机制。本研究的主要结论包括以下几点。

第一，本研究从心理认知视角界定了创业动机的主要来源——创业自我效能，揭示了其对步创业角色认同的深远影响。研究结果表明，创业自我效能水平越高，越能促进创业者的开发者角色认同水平；同样，创业自我效能的水平也会显著影响投资者角色认同的水平，即创业自我效能水平越高，则投资者角色认同的水平越高；而创业自我效能对于改革者角色认同的形成则无显著影响。

第二，本研究充分证明了创业角色认同在创业决策行为中的关键作用。高水平的开发者角色认同有利于提升创业决策行为的水平；高水平的投资者角色认同有利于提升创业决策行为；同时，高水平的改革者角色认同对于创业决策行为的水平也有显著影响。创业自我效能对创业决策行为的影响被开发者角色认同完全中介，创业自我效能对创业决策行为的影响被投资者角色认同部分中介，说明开发者角色认同和投资者角色认同作为中介机制对创业自我效能对创业决策行为的影响具有重要意义。

第三，本研究揭示了创业者社会网络对创业自我效能与创业角色认同之间关系的影响作用，以及创业价值感知对创业角色认同和创业决策行为之间关系的影响作用。研究发现，创业价值感知正向调节开发者角色认同对创业决策行为的影响，即创业价值感知水平越高，开发者角色认同对创业决策行为的影响越强；创业价值感知也对投资者角色认同与创业决策行为之间的关系产生调节作用；而创业价值感知对改革者角色认同与创业决策行为之间的关系不具有调节作用，即改革者角色认同与创业决策行为之间的关系不会因为创业价值感知的水平而发生改变。此外，创业者社会网络对创业自我效能与开发者角色认同之间的关系具有调节作用，即创业自我效能对开发者角色认同的影响会因为创业者社会网络水平的高低而发生变化。但研究证明，创业者社会网络对创业自我效能与投资者角色认同之间的关系不具有调节作用，同样，创业者社会网络在创业自我效能对改革者角色认同的影响过程中也未发挥显著作用。

7.2 理论贡献

本研究阐述了创业自我效能和开发者角色认同、投资者角色认同、改革者角色认同对创业决策行为的影响。结合社会认知理论、角色认同理论和行为决策理论，我们提出了15个假设关系，其中5个被拒绝，其余全部得到了支持。本研究的结论对于拓展和深化创业自我效能、角色认同和创业管理理论的研究具有重要意义。这些理论贡献也体现了本研究的创新所在。

第一，本研究从创业认知视角，结合了创业者创业动机与创业行为，将创业自我效能界定为一种角色认同的驱动要素，并阐述了创业自我效能的内涵和构成及其对不同角色认同类型的影响。此外，还拓展了认知理论中自我效能研究理论的框架并提供了实证支持。

尽管有关研究已经明确了领导者自信心的重要性（House & Shamir, 1993），但很少有人在领导研究领域尝试通过测量和实证研究来验证自我效能理论（Chemers, 2005）。创业的核心在于领导与变革，其过程则综合体现了领导的多个方面：如发起变革、打造核心团队、愿景构思推广与实现、非正式网络营造、组织文化培养等，由于创业者所面临的环境和目标任务的特殊性，自我效能则被认为是导致创业意向的重要前提（Boyd & Vozikis, Krueger & Brazeal, 1994），并且自我效能是揭示关键创业活动的重要构念（Luthans, 2007）。已有的研究中，针对创业自我效能对创业行为的影响机制的探讨较为欠缺，这一研究不足限制了我们对于创业自我效能与创业决策行为的全面理解。仅仅从创业者心理特质来分析其创业决策行为是片面的，从动机论的观点来说，许多研究者还是将决策者假定成"自利导向"（Self-interested）与"自我中心"（Self-centered）的

（Moon，2007），且自我概念的内容及自我效能的强度会影响到许多重要变量，例如成就感的追求、爱面子程度、责任感的高低等。而这些因素将会进一步影响到决策嵌陷行为的发生和承诺持续程度的高低。当创业者感知到自己已经或者能够发现有前途的商业机会，同时也感知到自己已经具备获得创业成功的相关能力，得以实现机会的顺利开发，这一过程将促使他们不断提高创业自我效能水平，在此过程中，创业者逐渐形成显著的开发者角色认同、投资者角色认同或改革者角色认同，那么一旦面对有利的创业环境，则很有可能选择创业而不是到企业中就业。本研究通过对创业者心理认知过程的深入分析，借鉴已有的认知理论和创业理论的研究成果，避免了以往单纯从个体心理特质角度来对创业动机展开研究的局限，而是将个体认知机制与自我认同相结合，建立以自我效能为起因、角色认同为中介、创业决策行为为结果的创业选择模型，探索不同的创业自我效能对创业决策行为的影响，并通过实证检验对研究结论提供了支持，延伸了创业决策行为的驱动要素研究框架，并为今后的研究拓展奠定了基础。

第二，本研究从角色认同的视角出发，探讨以机会为基础的创业决策行为的影响因素。个体自我的角色认同深刻影响其认知过程，而每个人行为的主要驱动力正是探索和构建其独特的身份认同。由此通过理论推演和实证分析，检验了角色认同在创业自我效能对创业决策行为的影响中的中介作用，为感知—角色—行为的理论分析框架提供了进一步的实证支持。国内研究多聚焦于创业投资与企业内部创业，对于创业初期过程的探讨则较为匮乏，研究议题缺乏多样性。由于创业与其他领域最大的差异即在于新创企业的出现（Emergence）过程（Davidsson & Honig，2003），亦即创业者如何在复杂且变动的环境中发掘机会，并着手进行新企业创立的过程。以往的研究将"创业理论、创业者类型、创业过程、组织类型、外在环境、创业成果"六大构念作为创业研究的主要范畴（Ucbasaran et al.，2007），虽然强调了各构念之间的相互关系，不过却没有能够说明创业者认知与创业决策行为等重要构念间的作用机制。所以本研究从不同创业角色认同之间的本质差别出发，将开发者角色认同、投资者角色认同和改革者角色认同进行区分和定义，进一步丰富了创业管理理论的感知—角色—行为模型。这克服了以往研究过分依赖创业者心理特质或外部因素（如风险感知、资源获取、先验经验）作为中介的局限性。创业自我效能对创业决策行为的正向影响作用通过创业角色认同来实现，其中，开发者角色认同起到完全中介作用，即创业自我效能促进开发者角色认同的形成，进而驱动创业决策行为。这符合大多数创业者将创业视为转化科研成果、发明或识别新机遇的开发者身份认同。即创业者的创业激情来自对新机会的识别和开发，这是与开发者角色认同相吻合的。虽然面对极大的风险和不确定性，但在决定创业时，他们对自己充满信心，即具有高创业自我效能水平。投资者角色认同扮演着部分中介的角色，这是因为投资者角色认同需要创业者通过对自己的以往经验、现实能力及对自己所掌握的信息和知识进行综合分析，决定是否实施创业行为，从而逐渐形成对投资者角色的认同感；然而改革者角色认同的中介效应并不显著，因为创业意味着开创，改革则属于创新，改革所要面对的风险和不确定性与从无到有的开创过程相比相对较弱，即使改革者信心不足，改革仍可能进行。无论成功与否，这个相对稳定的变革过程不会令创业者有很高的成就感或者挫败感。综上所述，从角色认同的视角出发，本研究揭示了创业自我效能通过不同角色认同对创业决策行为产生差异化的影响路径，为理解创业者自我认知层面的心理要素如何影响创业行为提供了更丰富的理论解释。

第三，本研究探索了自我效能与创业角色认同之间的关系，以及不同创业角色认同如何影响创业行为，并揭示了这一过程中的情境效应。本研究的一个理论贡献是将创业者社会网络纳入从创业自我效能到不同类型创业角色认同的转化过程中，为创业者社会网络研究开辟了新的视角。虽然社会网络并非创业角色认同的直接前因变量，但本研究深入探讨了其在创业角色认同的形成过程中的调节作用。社会网络对于创业自我效能与角色认同之间的关系也具有一定的影响作用。社会网络为创业者获得信息提供了便利，使得处于信息传递网络媒介的创业者能够更早更快地获得各类信息（Burt，2000），使得创业者更加自信（De Carolis，2006）。同时，创业者通过在社会网络中持续巩固其地位优势和信息优势，增强了对结果和不确定性的控制感。本研究的另一个理论贡献在于，它将创业价值感知纳入创业角色认同转化为创业决策行为的过程中，这是对认知理论中价值感知的一种新颖应用。这一视角有助于理解创业者在将角色认同转化为实际行动时，如何受到的外部环境因素影响。创业活动与环境之间具有密切的关系，因为创业不仅是个体行为，同时也属于一种社会活动。社会整体对于创业活动的支持态度、机会与资源的供给程度，都会对人们的创业决策与创业表现，以及新事业未来的发展轨迹产生影响。从社会生态学的角度看，若社会中拥有越多的新创企业与创业者，那么创业热情也会越发高涨；从资源基础观的角度看，创业高度依赖外部资源的获取，因此资源获取渠道的通畅性和资源的丰富程度将对创业行为产生影响；同样，社会就业机会的丰富程度、产业环境的变迁等也是影响创业决策的重要因素。本研究的结论进一步强调了认知理论中"自我概念"的能动性，即创业者在认知过程中，会根据环境和价值感知来动态调整自我认同，这与社会网络理论中"权变理论"的观点（Ahuja，2000；Gilsing & Nooteboom，2005）相契合。本研究还解释了以往研究中关于创业自我效能对创业行为影响结论不一致的原因，可能是忽略了外界环境因素的影响，从而通过实证检验为创业动机和创业行为的研究提供了重要补充。

7.3 实践启示和政策建议

本研究所讨论的问题对创业管理实践有重要的借鉴指导意义。

7.3.1 提升创业者的创业自我效能，有利于创业机会的开发与利用

创业自我效能指的是个体对于自己能够成功扮演创业者角色或完成创业活动的信心强度。这一信心强度是决定创业意向大小及这些意向是否能转化为创业行动的重要因素。社会认知理论和实证研究均支持这一观点：创业成功在很大程度上受到创业者个体自我效能水平的影响。创业的核心在于领导与变革，创业过程则综合体现了领导的各个方面，如发起变革、打造核心团队、构思并推广愿景、营造非正式网络、培养组织文化等。由于创业者所面临的环境和目标任务的特殊性，自我效能则被认为是导致创业意向的重要前提，并揭示了关键创业活动的重要构念。

创业自我效能包括营销（如设置营销目标并拓展业务）、创新（如新企业与新想法）、管理决策（如在风险条件下作出决策）、风险承担（如减少风险和不确定性）和资金控制（如开发财务系统，进行预算控制）等方面的个人能力的信心程度。而创业决策指的是个人做出的创建和管理自己的事业的决定，它是一个受一系列因素影响的复杂过程，这些影响因素被分为情境因素和个人因素两类，包括工作环境、先前工作经验、成就需要、权力需求等，既考虑到情境的又考虑到个体的理性收益，在这个过程中将

第7章 结　论

创业者个体视为意向性的决策制定者和执行者。

　　基于创业研究的历史经验，结合本研究的结论，我们可以认为创业者并非天生的，创业者个性特质和创业能力之间存在着较强的关联性，特别体现在创建新事业即领导变革的过程中，基于对自身创业能力的信念——创业自我效能已成为影响创业角色认同形成的关键要素，进而导致创业决策行为。在此过程中，一系列因素会对创业者这种对于自身创业能力的信心的形成产生影响，个性特质只是这些因素中的一部分。除此之外，对创业自我效能水平会产生影响的重要因素还包含环境支持（亲朋好友、兄弟姐妹等强关系的支持以及银行、一般朋友等弱关系的支持）和认知风格，这些因素都决定了创业自我效能的强度和深度。正是从这个意义上讲，一方面创业者应该根据自身的能力基础与资源获取情况，客观评价自身的创业机会与挑战，同时，也应该对自身拥有的社会网络所提供的资金支持与信息反馈进行认真识别，并与创业要求进行比对，从而做出科学理性的创业决策；另一方面要根据预期的创业目标，开发和利用创业机会，培育自身资源获取、创新进取的创业能力。在面对合适的创业机会时，创业者会根据自身的经验与知识、对机会的感知、对资源获取能力的评判以及对创业未来前景的预测来积累自己的创业自我效能，只有当创业自我效能达到一定水平时，才会形成创业角色认同，进而促进创业决策行为。所以，无论从社会角度、家庭角度还是个人角度，都应该帮助创业者个体不断强化创业自我效能。若创业者对自身能力具有很强的信心，将会影响其创业目标的实现，同时他们认为失败的可能性也非常低。具有高水平创业自我效能的人们更习惯于将极具挑战性的条件与回报相联系，如利润、社会认可和心理满足感；然而，创业自我效能水平低的个体更容易失望和沮丧。由于这些原因，那些认为自己能更成功扮演创业者角色、胜任创业工作的个体，更有可能加入创业大军中来。

7.3.2 根据创业自我效能水平，建立与之匹配的不同创业角色类型

本研究提出了三种创业角色认同类型——开发者角色认同、投资者角色认同和改革者角色认同。这些类型基本涵盖了广义的创业者角色认同范畴。在角色认同形成的过程中，理性客观地识别自身的角色认同类型，有助于形成相应的创业决策行为。

本研究从微观视角度深入探讨了影响个体创业角色认同形成的因素及过程。我们可以观察到，这些因素和过程的背后，存在两个重要的要素支配着这个机制的运行：一是创业教育，这里所指的创业教育不仅局限针对在校学生的教育，更包括对社会公众的引导和宣传。狭义的创业教育指的是对受教育对象进行工商业活动综合能力的培养与指导，使其实现从谋职者向职业岗位创造者的角色转变；而广义的创业教育则强调对个体进行开创性精神的培养，其本质是一种素质教育（高晓杰，曹胜利，2007）；二是文化传统的影响，这种影响对个体而言是深远而持久的。基于以上分析，我们认为"创业者是可以被教育出来的"。为了提升全社会的创业水平，推动创业型经济的发展，并构建创业型社会，我们需要不断拓展创业教育的内容，提升创业教育的水平。

7.3.3 优化创业环境，培养创业人才

伴随经济全球化的发展，个体创业尤其是大学生创业已经成为全民关注的焦点之一。不管是由于形势所迫，还是因为个体的激情挑战，创业的过程都需要保持一种良好的心态。本研究始终围绕态度因素发挥的重要作用，如创业价值感知在创业角色认同与创业决策行为间发挥的中介作用，同时，创业者社会网络也发挥了调节作用。由此可知，一种恰当的创业态

第 7 章 结 论

度对于创业者的创业行为至关重要。而将个体的态度上升到社会层面即体现了社会创业观。当外部商业环境越有利时，新创企业就越容易出现，当社会对于创新与创业行为越支持，创业者就越可能形成创业角色认同，环境因素显著影响一个地方的创业行为，因此政府对于创业环境因素，将扮演着直接的重要影响角色。

自我是由多方面的角色认同构成的，认同理论提出任何个体的角色认同都是有层次的构成，并且在层级中的位置越高，则对应的角色认同就越重要，且其中蕴含的自我意义越核心。因此，有的创业者或许会将投资者而非开发者角色认同看得更为突出、更为核心，他们可能会更多地致力于创造新企业的角色，而不是探索或发明新机会的角色。在开发者角色中找到自我意义的创业者充满打破常规的构想，更倾向于将开发者的角色看作是核心和持久的自我特征。创业者可能在一生中会不断调整各种角色认同的比重（如随着企业发展，他们可能会将投资者角色看得比开发者更为重要）。然而，在任何特定时间，角色认同的相对重要性是稳定的，使得创业者的自我意义保持独特并且一致。角色认同将人们列入不同的社会类别中（如"我是一个开发者"）。个体会被激发去从事某类活动，并通过某种方式与人互动来保持和确认他们的自我意义，这种方式不仅可以确定相应的角色期望，而且能够验证突出的社会类别的行为影响。所以为创业者勾勒明确的创业角色形象，将有助于其在形成创业角色认同的过程中，能够积极采取相应合理的创业决策行为，以防陷入无知和盲目的困境，从而提高创业活动获得成功的可能性。

另外，本研究通过深入探索创业自我效能与创业角色认同的结构，并有效运用相关量表，以创业自我效能为起点，逐步剖析了创业角色认同的形式过程及其对最终创业决策行为的影响机制。这一研究不仅有助于社会各界更有效地开展创业引导和宣传工作，特别是为教育辅助机构在创业教育领域提供了方法参考和实践指导,有助于他们更好地评估和考核教育培养效果。同时,关于创业自我效能与创业角色认同的相关研究,不仅揭示了创业者个体的内在创业心路历程,也为组织内部创业人力资源的开发和利用提供了帮助。

7.4 研究局限性与进一步研究方向

虽然本研究对创业自我效能、角色认同和决策行为等相关领域的研究做出了探索,提出了进一步研究的方向,但仍存在一些不足之处。

7.4.1 同源数据问题

由于研究对象的特殊性和样本收集的难度,每份问卷都选取一位具有创业经历(成功或失败)的创业者进行填答。根据潘德斯科夫和奥甘(Podsakoff & Organ,1986)的研究结论,我们在研究设计过程中和统计分析方法的选择上均采取了措施,尽可能地避免因同源误差的存在所产生的影响。例如,在问卷设计上,我们确保问卷都是匿名填答、所有答案没有对错之分;在问题设计上,尽量采用清晰明确的表达方式、用反向用语突破固有的思维定式;同时,还进行了问卷的信度和效度检验,以确保其能准确反映被访者的真实想法。但研究数据仍然属于同源数据。采用哈曼(Harman)单因素检验对同源误差问题进行检验,结果显示本研究同源误差并不严重,但后续研究仍然需要尝试从多方面的来源收集数据,以规避同源误差的影响。

7.4.2 分析的层面

由于创业研究是一个涵盖"多层次"的研究议题,无论是理论的分析层次还是构念的分析层次都必须纳入考虑范围。本研究仍然局限于个人层次的创业研究，然而创业者的创业过程包含了个体与企业之间的互动关系，且创业的最终成果体现的是企业的发展和成长。基于 Low 和 MacMillan（1998）及 Davidsson 和 Wiklund（2001）的结论，未来的研究应在多层次的转化方面持续深耕，探索如何相结合，从企业层面来衡量创业决策行为，以揭示创业者心理认知过程与企业成长之间的关联。创业者对自身决策行为的评价可能过于片面，为了更客观真实地反映创业者实际情况，未来的研究设计应尝试克服配对数据收集的困难，并基于员工、竞争对手、合作伙伴等角度对创业者的决策行为的评价，以消除单方感知误差，今后的研究可以做此尝试。

7.4.3 制度层面影响

在模型的设计构想中，本研究基本遵循了自我效能引发角色认同，进而角色认同影响创业决策行为的基本逻辑框架，即效能—认同—行为的整体路径。尽管研究设计之初已纳入若干重要控制变量，以考量其他要素对行为的影响，但本研究主要聚焦创业自我效能对创业自我认同和创业决策行为的直接影响，虽然这是本研究的主题，且自我效能处于中心地位，但不足以概括全部的创业动机因素，未来的研究可以将其他动机来源要素纳入分析框架，以探讨它们对创业角色认同的影响。同时，除考察的创业价值感知和创业者社会网络的调节作用外，还应考虑将更多可能的调节变量整合进模型，如宏观环境要素和制度层面要素。特别地，不同宏观环境或制度环境的影响下，自我认同和决策行为的关系也可能会发生变化（例如，在转型经济背景下，知识产权制度处于需要完善的阶段，所以创新成果的转化过程会受到影响，从而对创业自我效能与创业角色认同之间的关系也会产生影响；行业政策、地方政府政策也可能加速或抑制创业自我效能向创业角色认同的转化），因此，将情境要素扩展到多个研究层面，能够为我们全面地理解创业决策行为提供更广阔的视角。

7.4.4 创业者心理认知的动态变化

另一个可能的研究局限在于，尽管本研究的结果揭示了创业自我效能如何影响创业角色认同，进而作用于创业决策行为，但这一分析仍基于静态视角来审视创业者的认知与行为过程。鉴于创业是一个长期且动态的发展过程，可以细分为多个不同的时间点来观察分析，个体在不同阶段所采取的角色认同内涵及其显著性可能会随着时间和情境的改变而有所不同。因此若能用动态数据来验证这些关系，将更具说服力。此外，本研究重点阐述了开发者角色认同、投资者角色认同和改革者角色认同三种类型，并探讨它们对创业决策行为的作用路径和机理，所使用的数据为面板数据，但未能从动态视角考察创业者认知心理的变化和演进，例如，林家五（2007）的研究发现，创业者的动态释意过程能够帮助人们对环境予以结构化、理解、诠释与预测，并构建关于行动合理化的解释及关于未来的共同信念。因此，未来的研究可以进一步探索不同类型创业角色认同之间的相互作用，以及自我概念中不同角色认同的动态演化过程，从而丰富和完善现有的理论模型。

参考文献

[1] 彼得·德鲁克. 创新与企业家精神[M]. 彭志华, 译. 海口: 海南出版社, 2000.

[2] 陈辉吉. 创业者: 迎接全方位创业挑战[M]. 台北: 麦田. 1993.

[3] 丁明磊, 王云峰, 吴晓丹. 创业自我效能与企业家认知及创业行为关系研[J]. 商业研究: 2008 (11): 139-142.

[4] 范巍, 王重鸣. 创业倾向影响因素研究[J]. 心理科学: 2004, 5 (27): 1087-1090.

[5] 弗雷德·鲁森斯. 组织行为学[M]. 王垒, 译. 北京: 人民邮电出版社, 2003.

[6] 洪世章, 蔡碧凤. 企业兴业与成长: 比较个案研究[J]. 中山管理评论: 2006, 14 (1): 79-117.

[7] 贾德梅, 董军, 常光伟, 等.《企业管理者管理自我效能感问卷》的编制[J]. 心理与行为研究: 2006, 4 (1): 39-44.

[8] 林嵩, 张帏, 邱琼. 创业过程的研究评述及发展动向[J]. 南开管理评论: 2004 (3): 47-50.

[9] 刘军. 管理研究方法: 原理与应用[M]. 北京: 中国人民大学出版社, 2008.

[10] 刘常勇, 谢如梅. 创业管理研究之回顾与展望: 理论与模式探讨[J]. 创业管理研究: 2006, 1 (1): 1-43.

[11] 林家五, 熊欣华, 黄国隆. 认同对决策嵌陷行为的影响: 个体与群体层次的分析[J]. 台湾管理学刊: 2006, 6 (1): 157-180.

[12] 林家五. 企业主持人的释意历程及其影响[D]. 台湾大学商学研究所博士论文, 1999.

[13] 林家五, 郑伯壎, 蔡明宏. 决策嵌陷的成因分析[J]. 管理学报: 2000, 17

(3): 515-546.

[14] 林家五, 黄国隆, 郑伯壎. 从认同到开创: 创业者的动态释意历程[J]. 中山管理评论: 2004, 12 (2): 337-397.

[15] 廖学寅. 台湾中小企业创业者人格特质与创业绩效关系之研究[D]. 辅仁大学管理学研究所硕士论文, 2004.

[16] 温忠麟, 侯杰泰, 马什赫伯特. 结构方程模型检验: 拟合指数与卡方准则[J]. 心理学报: 2004, 36 (2): 186-194.

[17] 温忠麟, 侯杰泰, 张雷. 调节效应与中介效应的比较和应用[J]. 心理学报: 2005, 37 (2): 268-274.

[18] 温忠麟, 张雷, 侯杰泰. 中介效应检验程序及其应用[J]. 心理学报: 2004, 36 (5): 614-620.

[19] 吴明隆. SPSS统计应用实务: 问卷分析与应用统计[M]. 北京: 科学出版社, 2003.

[20] 许东赞. 人格特质、创业与创业绩效之关系探讨[D]. 台湾成功大学管理学院硕士论文, 2007.

[21] 赵必孝. 我国企业驻外经理的人力资源管理与创业行为[J]. 管理学报: 1998, 15 (1): 101-132.

[22] 张健, 姜彦福, 林强. 创业理论研究与发展动态[J]. 经济学动态: 2003 (5): 71-74.

[23] 张玉利, 李乾文, 李剑力. 创业管理研究新观点综述[J]. 外国经济与管理: 2006, 28 (5): 1-7.

[24] 张玉利. 创业管理: 管理工作面临的新挑战[J]. 南开管理评论: 2003 (6): 4-7.

[25] 周文霞, 郭桂萍. 自我效能感: 概念、理论和应用[J]. 中国人民大学学报: 2006 (1): 91-97.

[26] 周雪明. 创业效能感在创业压力与创业生存绩效之间中介作用的分析[J]. 科技信息: 2007 (19): 408-409.

[27] 朱仁宏. 创业研究前沿理论探讨——定义、概念框架与研究边界[J]. 管理科学: 2004, 17 (4): 71-77.

[28] Aaker J L. The Malleable Self: The Role of Self-Expression in Persuasion [J]. Journal of Marketing Research, 1999 (36): 45-47.

[29] Ackerman L D. Identity is Destiny: Leadership and the Roots of Value Creation [M]. CA: Berrett-Koehler, 2000.

[30] Albert S, Whetten D A. Organizational Identity [J]. Research in Organizational Behavior, 1985 (8): 263-295.

[31] Aghion P, Howitt P. A Model of Growth Through Creative Destruction [J]. Econometrica, 1992, 60 (2): 323-51.

[32] Akerlof G A. Social Distance and Social Decisions [J]. Econometrica, 1997, 65 (5): 1005-1027.

[33] Akerlof G A, KrantonR E. Identity and the Economics of Organizations [J].Journal of Economic Perspectives, 2005, 19 (1): 9-32.

[34] Akerlof G A, Kranton R E. Economics and Identity [J].Quarterly Journal of Economics, 2000, 105 (3): 715-53.

[35] Aldrich H, Renzulli L A, Langton N. Passing on Privilege: Resources Provided by Self-Employed Parents to Their Self-Employed Children [J].Research in Social Stratif Ication and Mobility, 1998 (16): 291-317.

[36] Arrow K J. Economic Welfare and the Allocation of Resources for Innovation [J]. The Rate and Direction of Inventive Activity, 1962, 609-626.

[37] Albert S, Ashforth B E, Dutton J E. Organizational Identity and Identif Ication: Charting New Waters and Building New Bridges [J]. Academy of Management Review, 2000, 25 (1): 13-17.

[38] Aldrich H E, Wiedenmayer G. From Traits to Rates: An Ecological Perspective on Organizational Foundings [M]. Greenwich, CT: JAI Press, 1993.

[39] Alvarez S A, Barney J B. Resource-Based Theory and the Entrepreneurial Firm [M]. Oxford:Blackwell Publishers, 2008.

[40] Alvarez S A, Busenitz L W. The Entrepreneurship of Resource-Based Theory [J]. Journal of Management, 2001, 27 (6): 755-775.

[41] Amabile T M. Entrepreneurial Creativity Through Motivational Synergy [J].

Journal of Creative Behavior, 1997 (31):18-26.

[42] Ardichvili A, Cardozo R, Ray S. A Theory of Entrepreneurial Opportunity Identification and Development [J].Journal of Business Venturing, 2003, 18 (1): 105-123.

[43] Ashforth B E, Mael F. Social Identity Theory and the Organization [J]. Academy of Management Review, 1989 (14): 20-39.

[44] Aaker J L. The Malleable Self: The Role of Self-Expression in Persuasion [J]. Journal of Marketing Research, 1999 (36): 45-47.

[45] Ackerman L D. Identity is Destiny: Leadership and the Roots of Value Creation [M]. CA: Berrett-Koehler.2000.

[46] Albert S, Whetten D A. Organizational Identity [J]. Research in Organizational Behavior, 1985 (8): 263-295.

[47] Busenitz L W, West III G P, Shepherd D, et al. Entrepreneurship Research in Emergence: Past Trends and Future Directions [J]. Journal of Management, 2003, 29 (3): 285-308.

[48] Bronner R. Pathologies of Decision-Making: Causes, Forms, and Handing [J]. Management International Review, 2003, 43 (1): 85-101.

[49] Berzonsky M D. Self-Identity: The Relationship Between Process and Content [J]. Journal of Research in Personality, 1994 (28): 453-460.

[50] Baron J N, Hannan M T. Organizational Blueprints for Success in High-techstart-ups: Lessons from the Stanford Project on Emerging Companies [J]. California Management Review, 2002, 44 (3): 8-36.

[51] Baron R A. The Role of Affect in the Entrepreneurial Process [J]. Academy of Management Review, 2008 (33): 328-340.

[52] Baron R A, Ward T B. Expanding Entrepreneurial Cognition's Toolbox: Potential Contributors from the Field of Cognitive Science [J]. Entrepreneurship Theory and Practice, 2004 (28): 553-573.

[53] Barrett L F, Mesquita B, Ochsner K N, et al. The Experience of Emotion [J]. Annual Review of Psychology, 2007 (58): 373-403.

[54] Baum J R, Locke E A. The Relationship of Entrepreneurial Traits, Skill, and Motivation to Subsequent Venture Growth [J]. Journal of Applied Psychology, 2004 (89): 587-598.

[55] Baum J R, Locke E A, Smith K G. A Multidimensional Model of Venture Growth [J]. Academy of Management Journal, 2001 (44): 292-303.

[56] Beach L R. Image Theory: Decision Making in Personal and Organizational Contexts [M].Wiley, UK: Chichester. 1993.

[57] Belk R W. Possessions and the Extended Self [J]. Journal of Consumer Research, 1988 (15): 139-168.

[58] Bem D R. Self-Perception Theory [J]. Advances in Experimental Social Psychology, 1972 (6): 1-62.

[59] Berzonsky M D. Self-Theorists, Identity Status, and Social Cognition [M]. Berlin: Springer, 1988.

[60] Berzonsky M D. Identity Style: Conceptualization and Measurement [J]. Journal of Adolescent Research, 1989 (4): 267-281.

[61] Berzonsky M D. Identity Style and Coping Strategies [J]. Journal of Personality, 1992 (60): 771-778.

[62] Berzonsky M D. Self-Identity: The Relationship Between Process and Content [J]. Journal of Research in Personality, 1994 (28): 453-460.

[63] Berzonsky M D, Sullivan C. Social-Cognitive Aspects of Identity: Need for Cognition, Experiential Openness, and Introspection [J]. Journal of Adolescent Research, 1992 (7): 140-155.

[64] Berzonsky M D, Ferran J R. Identity Orientation and Decisional Strategies [J]. Personality and Individual Difference, 1996, 20 (5): 597-606.

[65] Brockhaus Sr R H. Risk-Taking Propensity of Entrepreneurs [J]. Academy of Management Journal, 1980 (23): 509-520.

[66] Burke P J. Identity Processes and Social Stress [J]. American Sociological Review, 1991 (56): 836-849.

[67] Burke P J, Tully J C. The Measurement of Role Identity [J]. Social Forces, 1977

(55): 881-897.

[68] Boyd N G, Vozikis G S. The Influence of Self-Efficacy on the Development of Entrepreneurial Intentions and Actions [J]. Entrepreneurship: Theory and Practice, 1994 (18): 63-90.

[69] Baum J R, Locke E A. The Relationship of Entrepreneurial Traits, Skill, and Motivation to Subsequent Venture Growth [J]. Journal of Applied Psychology, 2004, 89 (4): 587-598.

[70] Bandura A. Self-Efficacy: Toward a Unifying Theory of Behavioral Change [J]. Psychological Review, 1977 (84): 191-215.

[71] Bandura A. Human Agency in Social Cognitive Theory [J]. American Psychologist, 1989 (44): 1175-1184.

[72] Bird B. Implementing Entrepreneurial Ideas: The Case for Intention [J]. Academy of Management Review, 1988 (13): 442-453.

[73] Brigham K H. A Person-Organization F it Model of Owner-Managers' Cognitive Style and Organizational Demands [J]. Entrepreneurship: Theory &Practice, 2007, 31 (1): 29-51.

[74] Bandura A. Self-Efficacy: The Exercise of Control [M]. New York: Freeman. 1997.

[75] Baumeister R F, Vohs K D, DeWall C N, et al. How Emotion Shapes Behavior: Feedback, Anticipation, and Reflection, Rather Than Direct Causation [J]. Personality and Social Psychology Review, 2007 (11): 167-203.

[76] Bandura A. Social Learning Theory [M]. Englewood Cliffs, NJ: Prentice Hall. 1977.

[77] Bandura A. Social Foundations of Thought and Action [M]. Englewood Cliffs, NJ: Prentice Hall. 1986.

[78] Baron R A. Cognitive Mechanisms in Entrepreneurship: Why and When Entrepreneurs Think Differently Than Other People [J].Journal of Business Venturing, 1998, 13 (4): 275-94.

[79] Bauernschuster S, Falc O, Heblich S. Occupational Choice and Social Contacts Across Regions [J]. Jena Economic Research Papers, 2008 (3): 2008-2079.

[80] Baumol W. Entrepreneurship in Economic Theory [J]. American Economic Review, 1968, 58 (2): 64-71.

[81] Barnard C I. The Functions of the Executive [M]. Cambridge, MA: Harved University Press, 1938.

[82] Burns T, Stalker G M. The Management of Innovation [M]. London: Tavistock, 1961.

[83] Becker G S. A Note on Restaurant Pricing and Other Examples of Social Influences on Price [J]. Journal of Political Economy, 1991 (99): 1109-1116.

[84] Becker G S, Murphy K M. A Simple Theory of Advertising as a Good or Bad [J]. Quarterly Journal of Economics, 1993 (108): 941-964.

[85] Björklund A, Jäntt M, Solon G. Nature and Nurture in the Intergenerational Transmisson of Socioeconomic Status: Evidence from Swedish Children and Their Biological and Rearing Parents [J]. The B.E. Journal of Economic Analysis & Policy, 2007 (7): 1935-1682.

[86] Bloom A. The Closing of the American Mind [M]. New York: Simon and Schuster, 1987.

[87] Belitz C, Lundstrom M. The Power of Flow: Practical Ways to Transform Your Life with Meaningful Coincidence [M]. New York: Harmony Books, 1997.

[88] Bierly P E, Kessler E H, Christensen E W. Organizational Learning, Knowledge, and Wisdom [J]. Journal of Organizational Change Management, 2000 (13): 595-618.

[89] Bird B J. Entrepreneurial Behavior [M]. Glenview, IL: Scott Foresman, 1989.

[90] Brannback M, Carsrud A, Elfving J, et al. Sex, 'Drugs', and Entrepreneurial Passion? An Exploratory Study [D]. Paper Presented at the Babson College Entrepreneurship Research Conference, Bloomington, IN. 2006.

[91] Branzei O, Zietsma C. Entrepreneurial love: The Enabling Functions of Positive Illusions in Venturing, Paper Presented at the Babson-Kauffman [C]. Entrepreneurial Research Conference, Wellesley, MA, 2003.

[92] Burke P J. Identity Change [J]. Social Psychology Quarterly, 2006 (69): 81-96.

[93] Burke P J, Reitzes D C. The Link Between Identity and Role Performance [J]. Social Psychology Quarterly, 1981 (44):83-92.

[94] Burke P J, Reitzes D C. An Identity Theory Approach to Commitment [J]. Social Psychology Quarterly, 1991 (54): 239-251.

[95] Cardon M S. Is Passion Contagious? The Transference of Entrepreneurial Emotion to Employees [J]. Human Resource Management Review, 2008 (18): 77-86.

[96] Cardon M S, Zietsma C, Saparito P, et al. A Tale of Passion: New Insights into Entrepreneurship from a Parenthood Metaphor [J].Journal of Business Venturing, 2005 (20): 23-45.

[97] Chia R. The Concept of Decision: A Deconstructive Analysis [J]. Journal of Management Studies, 1996, 36 (6):781-806.

[98] Camerer C, Lovallo D.Overconfidence and Excess Entry: An Empirical Approach [J].American Economic Review, 1999 (89): 306-318.

[99] Coleman J S. The Adolescent Society: The Social Life of the Teenager and Its Impact on Education [M]. New York: Free Press, 1961.

[100] Coleman J S. Social Capital in the Creation of Human Capital [J]. American Journal of Sociology, 1988 (9): 95-121.

[101] Cunha F, Heckman J. The Technology of Skill Formation [J]. American Economic Review, 2007, 97 (2): 31-47.

[102] Choi Y R, Shepherd D A.Entrepreneurs'Decisions to Exploit Opportunities [J]. Journal of Management, 2004, 30 (3): 337-395.

[103] Covin J G, Slevin D P. A Conceptual Model of Entrepreneurship as Firm Behavior [J]. Entrepreneurship: Theory & Practice, 1991, 16 (1): 7-25.

[104] Cragg P B, King M. Organizational Characteristics and Small Firms, Performance Revisited [J]. Entrepreneurship: Theory & Practice, 1988, 13 (2):48-64.

[105] Crant J M. The Proactive Personality Scale as a Predictor of Entrepreneurial Intentions [J]. Journal of Small Business Management, 1996, 34 (3): 42-49.

[106] Cull S, Woodland S, O'Reilly A, et al. Britain at Work as Depicted in the 1998 Workplace Employee Relations Survey [M]. London: Routledge, 1998.

[107] Chen C C, Greene P G, Crick A. Does Entrepreneurial Self-Efficacy Distinguish Entrepreneurs from Entrepreneurs from Managers [J]. Journal of Business Venturing, 1998 (13): 295-316.

[108] Chemers M M. Dispositional Affect and Leadership Effectiveness: A Comparison of Self Esteem, Optimism, and Efficacy [J]. Personality and Social Psychology Bulletin, 2000, 26 (3): 267-277.

[109] Callero P L. Role-Identity Salience [J]. Social Psychology Quarterly, 1985 (48):201-215.

[110] Callero P L, Howard J A, Piliavin J A. Helping Behavior as Role Behavior: Disclosing Social Structure and History in the Analysis of prosocial Action [J]. Social Psychology Quarterly, 1987 (50): 247-256.

[111] Carver C S, Scheier M F. On the Self-Regulation of Behavior [M]. New York: Cambridge University Press, 1998.

[112] Chen X-P, Yao X, Kotha S. Entrepreneur Passion and Preparedness in Business Plan Presentations: A Persuasion Analysis of Venture Capitalists' Funding decisions [J]. Academy of Management Journal, 2009 (52): 199-214.

[113] Cova B, Svanfeldt C. Societal Innovations and the Postmodern Aestheticization of Everyday Life [J]. International Journal of Research in Marketing, 1993 (10): 297-311.

[114] Cross B, Travaglione A. The Untold Story: Is the Entrepreneur of the 21st Century Defined by Emotional Intelligence? [J]. International Journal of Organizational Analysis, 2003 (11): 221-228.

[115] Csikszentmihalyi M. Flow: The Psychology of Optimal Experience [M]. New York: Harper Perennial, 1990.

[116] Damasio A R. Descartes' Error: Emotion, Reason and the Human Brain [M]. New York: Grossett/Putnam, 1994.

[117] Damasio A R. Fundamental Feelings [J]. Nature, 2001 (2): 413-781.

[118] Della Rocca M. Representation and the Mind-Body Problem in Spinoza [M]. Oxford: Oxford University Press, 1996.

[119] De Noble A, Jung D, Ehrlich S. Initiating New Ventures: The Role of Entrepreneurial Self-Efficacy [R]. Boston: Paper Presented at the Babson Research Conference, 1999.

[120] Daft R L, Weick K E. Toward a Model of Organizations Interpretation System [J]. Academy of Management Review, 1984, 9 (2): 284-295.

[121] Drnovsek M, Glas M. The Entrepreneurial Self-Efficacy of Nascent Entrepreneurs: the Case of Two Economies in Transition [J]. Journal of Enterprising Culture, 2002, 10 (2): 107-131.

[122] Dutton J E, Dukerich J M. Keeping an Eye on the Mirror: Image and Identity in Organizational Adaptation [J]. Academy of Management Journal, 1991 (34):517-554.

[123] Dutton J E, Dukerich J M, Harquail C V. Organizational Images and Member Identif Ication [J]. Administrative Science Quarterly, 1994, 39 (2): 239-263.

[124] Dension D R. What's the Difference Between Organizational Culture and Organizational Climate? A Native's Point of View on a Decade of Paradigm Wars [J]. Academy of Management Review, 1996, 21 (3): 619-654.

[125] D'Intino R S, Goldsby M G, Houghton J D, et al. Self-leadership: A Process for Entrepreneurial Success [J]. Journal of Leadership & Organizational Studies, 2007 (13): 105-120.

[126] Dolan R J. Emotion, Cognition, and Behavior [J]. Science, 2002 (298): 1191-1194.

[127] Deaton A. The Analysis of Household Surveys: A Microeconometric Approach to Development Policy [M]. Baltimore: Johns Hopkins University Press, 1997.

[128] Goss D. Schumpeter's legacy? Interaction and Emotions in the Sociology of Entrepreneurship [J]. Entrepreneurship Theory and Practice, 2005 (29): 205-218.

[129] Dohmen T, Falk A, Huffman D, et al. The Intergenerational Transmission of Risk and Trust Attitudes [J]. Review of Economic Studies, 2012 (1): 85-90.

[130] Doutriaux J. Emerging High-Tech Firms: How Durable Are Their Comparative Start-Up Advantages [J]. Journal of Business Venturing, 1992, 7 (4):303-322.

[131] DuMouchel W H, Duncan G J. Using Sample Survey Weights in Multiple Regression

Analyses of Stratified Samples [J]. Journal of the American Statistical Association, 1983, 78 (383):535-543.

[132] Dunn T D. Holtz-Eakin, Financial Capital, Human Capital, and the Transition to Self-Employment: Evidence from Intergenerational Links [J]. Journal of Labor Economics, 2000, 18 (2):282-305.

[133] Eckert P. Trajectory and Forms of Institutional Participation [M]. New Jersey: L. Erlbaum, 1995.

[134] European Commission. Entrepreneurship Education in Europe: Fostering Entrepreneurial Mindsets Through Education and Learning []. Final Proceedings of the Conference on Entrepreneurship Education in Oslo, 2006.

[135] Evans D S, Leighton L S.Some Empirical Aspects of Entrepreneurship [J]. American Economic Review, 1989 (79): 519-535.

[136] Elsbach K D. How to Pitch a Brilliant Idea [J]. Harvard Business Review, 2003, 81 (9): 117-123.

[137] Erez M, Earley P C. Culture, Self-Identity, and Work [M]. New York: Oxford University Press, 1993.

[138] Erikson E H.Identity: Youth and Crisis [M]. New York: Norton, 1968.

[139] Filion L J. Vision and Relations: Elements for an Entrepreneurial Metamodel [J]. International Small Business Journal, 1991 (9): 26-40.

[140] Fishbein M, Azjen I. Belief, Intention, Attitude, and Behavior: An Introduction to Theory and Research [M]. Reading, MA: Addison-Wesley, 1975.

[141] Fiol C M. Managing Culture as a Competitive Resource: An Identity-Based View of Sustainable Competitive Advantage [J]. Journal of Management, 1991, 17 (1):191-211.

[142] Fiol C M. Revisiting an Identity-Based View of Sustainable Competitive Advantage [J]. Journal of Management, 2001 (27): 691-699.

[143] Forbes D P. The Effects of Strategic Decision Making on Entrepreneurial Self Efficacy [J]. Entrepreneurship: Theory and Practice, 2005 (12): 599-626.

[144] Fisher T. The Designer's Self-Identity: Myths of Creativity and the Management of

Teams [J]. Creativity and Innovation Management, 1997, 6 (1): 10-18.

[145] Ford C. A Theory of Individual Creative Action in Multiple Social Domains [J]. Academy of Management Review, 1996 (21): 1112-1142.

[146] Fredrickson B L. What Good are Positive Emotions [J]. Review of General Psychology, 1998 (2): 300-319.

[147] Frijda N. Emotion Experience [J]. Cognition and Emotion, 2005 (19): 473-497.

[148] Feldman M P. The Entrepreneurial Event Revisited: Firm Formation in a Regional Context [J].Industrial and Corporate Change, 2001, 10 (4): 861-891.

[149] Fuchs T, Wöbmann L. What Accounts for International Differences in Student Performance? A Re-Examination Using PISA Data [J]. Empirical Economics, 2007, 32 (2-3): 433-464.

[150] Gaviria A, Raphael S. School-Based Peer Effects and Juvenile Behavior [J]. The Review of Economics and Statistics, 2001, 83 (2): 257-268.

[151] Granovetter M. Economic Action and Social Structures: The Problem of Embeddedness [J].American Journal of Sociology, 1985 (91): 481-510.

[152] Greene F, Mole K, Storey D J. Three Decades of Enterprise Culture [M].London: Palgrave, 2008.

[153] Gartne W B. A Conceptual Framework for Describing the Phenomenon of New Venture Creation [J]. Academy of Management Review, 1985 (10): 696-706.

[154] Gartner W B, Starr J A, Bhat S. Predicting New Venture Survival: An Analysis of 'Anatomy of a Startup' Cases from Inc. Magazine [J]. Journal of Business Venturing, 1999 (14): 215-232.

[155] Gimeno J, Folta T B, Cooper A C, et al. Survival of the Fittest? Entrepreneurial Human Capital and the Persistence of under Performing Firms [J].Administrative Science Quarterly, 1997 (42): 750-783.

[156] Goffman E. The Presentation of Self in Everyday Life [M]. Garden City, NY: 1959.

[157] Gross J J. Emotion Regulation: Past, Present, Future [J]. Cognition and Emotion, 1999 (13): 551-573.

[158] Gag Person E A. Personal Value Systems of Men and Women Entrepreneurs Versus

Managers [J]. Journal of Business Venturing, 1993, 8 (5): 409-430.

[159] Gartner, William B. Who is an Entrepreneur? Is the Wrong Question [J]. Entrepreneurial Theory and Practice, 1989, 13 (9): 47-68.

[160] Gatewood E J, Shaver K G, Gartner W B. A longitudinal Study of Cognitive Factors Inf Luencing Start-Up Behaviors and Sueecss at Venture Creation [J]. Journal of Business Venturing, 1995, 10 (5): 371-391.

[161] Geoffee R, Sease R. Business Ownership and Women's Subordination: A Preliminary Study of Female Proprietors [J]. The Sociology Review, 1983, 331 (4): 625-648.

[162] Gartner W B, Carter N M, Reynolds P D. Handbook of Entrepreneurial Dynamics [M]. Thousand Oaks, California: SAGE Publications, 2004.

[163] Granovetter M S. The Strength of Weak Ties [J]. American Journal of Sociology, 1973 (7): 1360-1380.

[164] Grube J, Piliavin J. Role identity, Organizational Experiences, and Volunteer Performance [J]. Personality and Social Psychology Bulletin, 2000 (26): 1108-1119.

[165] Gist M E, Mitchell T R. Self-Efficacy: A Theoretical Analysis of its Determinants and Malleability [J]. Academy of Management Review, 1992 (17):183-211.

[166] Hao Zhao, Scott E Seibert, Gerald E Hills. The Mediating Role of Self-Efficacy in the Development of Entrepreneurial Intention [J]. Journal of AppliedPsychology, 2005, 90 (6): 1265-1272.

[167] Hannan M T, Freeman J H. The Population Ecology of Organizations [J]. American Journal of Sociology, 1977 (82): 929-964.

[168] Haukedal W. Categories of Strategic Stimuli: Their Implication for Managers' Sense-Making of Organizational Environments [J]. Scandinavian Journal of Management, 1996, 10 (3): 267-279.

[169] Hornsey M J, Hogg M A. Subgroup Relations: A Comparison of Mutual Intergroup Differentiation and Common Ingroup Identity Models of Prejudice Reduction [J]. Personality and Social Psychology Bulletin, 2000, 26 (2): 242-256.

[170] Hogg M A, Terry D J. Social Identity and Self-Categorization Process in Organization Processes in Organizational Contexts [J]. Academy of Management Review, 2000, 25 (1): 121-140.

[171] Hatch M J, Schultz M. Scaling the Power of Babel: Relational Differences Between Identity, Image, and Culture in Organizations [M]. New York: Oxford University Press, 2000.

[172] Halloran J W. The Entrepreneur's Guide to Starting a Successful Business [M]. Chicago: Donnelley and Sons, 1992.

[173] Hisrich R D, Peters M P. Entrepreneurship-Starting, Developing and Managing a New Enterprise [M]. Boston: Irwin, 1989.

[174] Haber S, Reichel A. Identifying Performance Measures of Small Ventures: The Case of the Tourism Industry [J]. Journal of Small Business Management, 2005 (43): 257-286.

[175] Huy Q, Zott C. How Entrepreneurs Regulate Stakeholders' Emotions to Build New Organizations [J]. INSEAD Working Papers Collection, 2007 (7): 20-23.

[176] Hyrsky K. Entrepreneurial Metaphors and Concepts: An Exploratory Study [J]. International Small Business Journal, 1999, 18 (1): 13-16.

[177] House R J, Shamir B. Towards the Integration of Transformational, Charismatic, and Visionary Theories [J]. Leadership Theory and Research: Perspectives and Directions, 1993.

[178] Halaby C N. Where Job Values Come From: Family and Schooling Background, Cognitive Ability, and Gender [J], American Sociological Review, 2003 (68): 251-278.

[179] Hamilton B H. Does Entrepreneurship Pay? An Empirical Analysis of the Returns of Self-Employment [J]. Journal of Political Economy, 2000 (108): 604-631.

[180] Hayek F A V. Economics and Knowledge [J]. Economica, New Series, 1937, 4 (13): 33-54.

[181] Heckman. Skill Formation and the Economics of Investing in Disadvantaged Children [J]. Science, 2006 (312): 1900-1902.

[182] Holtz-Eakin D, Joulfaian D, Rosen H S. Sticking It Out: Entrepreneurial Survival and Liquidity Constraints [J].Journal of Political Economy, 1994 (102): 53-75.

[183] Hout M, Rosen H. Self-Employment, Family Background, and Race [J]. Journal of Human Resources, 2000 (35): 670-692.

[184] International Labour Organisation (ILO). International Standard Classification of Occupations: ISCO-88. Geneva: International Labour Off Ice, 1990.

[185] Ireland R D, Reutzel C R, Webb J W. Entrepreneurship Research in AMJ: What Has Been Published, and What Might the Future Hold? [J]. Academy of Management Journal, 2005, 48 (4): 556-564.

[186] Jelinek M, Litterer J. Toward Entrepreneurial Organizations: Meeting Ambiguitywith Engagement [J]. Entrepreneurship Theory and Practice, 1995, 19 (3): 137-168.

[187] Johnson M K. Social Origins, Adolescent Experiences, and Work Value Trajectories During the Transition to Adulthood [J]. Social Forces, 2002 (80): 1307-1340.

[188] Kahneman D, Tversky A. Prospect Theory: An Analysis of Decision Under Risk [J]. Econometrica, 1979, 47 (2): 263-92.

[189] Kanbur S, Ravi M. Entrepreneurial Risk Taking, Inequality, and Public Policy: An Application of Inequality Decomposition Analysis to the General Equilibrium Effects of Progressive Taxation [J]. Journal of Political Economy, 1990 (90): 1-21.

[190] Katz D, Kahn R L. The Social Psychology of Organizations [M]. John Wiley & Sons, Inc., 1966.

[191] Keeble D, Walker S.New Firms, Small Firms and Dead Firms: Spatial Patterns and Determinants in the United Kingdom [J]. Regional Studies, 1994 (28): 411-427.

[192] Kihlstrom R E, Laffont J-J. A General Equilibrium Entrepreneurial Theory of Firm Formation Based on Risk Aversion [J]. Journal of Political Economy, 1979 (87):719-748.

[193] Knight F H. Risk, Uncertainty and Prof it [M]. New York: Houghton Mifflin. 1921.

[194] Kuratko D F. The Emergence of Entrepreneurship Education: Development, Trends, and Challenges [J]. Entrepreneurship Theory and Practice, 2005, 29 (5): 577-598.

[195] Kolvereid L. Prediction of Employment Status Choice Intentions [J]. Entrepreneurship Theory and practice, 1996, 21 (l): 47-57.

[196] Klofsten M, Jones Evans. Comparing Academic Entrepreneurship in Europe: The Ease of Sweden and Ireland [J]. Small Business Economies, 2000, 14 (4): 299-309.

[197] Keith N, Frese M. Self-Regulation in Error Management Training: Emotion Control and Meta Cognition as Mediators of Performance Effects [J]. Journal of Applied Psycholoy, 2005 (90): 677-691.

[198] Kirchhoff B A. Entrepreneurship's Contribution to Economies [J]. Entrepreneurship: Theory & Practice, 1991, 16 (2): 93-112.

[199] Klein H J, Wesson M J, Hollenbeck J R, et al. The Assessment of Goal Commitment: A Measurement Model Meta-Analysis [J]. Organizational Behavior & Human Decision Processes, 2001, 85 (1): 32-55.

[200] Klein K J, Dajnsereau F, Hall R J. Levels Issues in Theory Development, Data Collection, and Analysis [J]. Academy of Management Review, 1994, 19 (2): 199-229.

[201] Korunka C, Rank H, Lueger M, et al. The Entrepreneurial Personality in the Context of Resources, Environment, and the Start-Up Process-A Configurational Approach [J]. Entrepreneurship: Theory & Practice, 2003, 28 (1): 23-32.

[202] Krauss S L, Frese M. Manual of Scales of the Study: Psychological Success facors of Small Scale Business Owners in Zimbabwe [M]. Giessen: Department of Psychology, Giessen University, 2001.

[203] Krueger J r N F, Brazeal D V. Entrepreneurial Potential and Potential Entrepreneurs [J]. Entrepreneurship: Theory and Practice, 1994, 18 (3): 91-104.

[204] Krueger Jr N F. What lies Beneath? The Experiential Essence of Entrepreneurial Thinking [J]. Entrepreneurship: Theory & Practice, 2007, 31 (1): 123-138.

[205] Kuratko D F, Jeffrey S, Covin G. A Model of Middle-Level Managers' Entrepreneurial Behavior [J]. Entrepreneurship: Theory and Practice, 2005, 29 (6): 704-707.

[206] Kim M, Hunter J. Relationships Among Attitudes, Intentions and Behavior [J]. Communication Research, 1993 (20): 331-364.

[207] Lamont L M. What Entrepreneurs Learn From Experience [J]. Journal of Small Business Management, 1972 (10): 36-41.

[208] Larson A. Network Dyads in Entrepreneurial Settings: A Study of Governance of Exchange Relationship [J]. Administrative Science Quarterly, 1992, 37 (1): 76-104.

[209] Lawshe C H. A quantitative Approach to Content Validity [J]. Personnel Psychology, 1975, 28 (4): 564-575.

[210] Lant T K, Mezias S J. Managing Discontinuous Change: A Simulation Study of Organizational Learning and Entrepreneurship [J]. Strategie Management Journal, 1990 (11): 147-179.

[211] Laverie D A, Kleine R E, Kleine S S. Reexamination and Extension of Kleine, Kleine, and Kernan's Social Identity Model of Mundane Consumption: The Mediating Role of the Appraisal Process [J]. Journal of Consumer Research, 2002, 28 (4): 659-669.

[212] Lee S Y, Florida R, Acs Z J. Creativity and Entrepreneurship: A Regional Analysis of New Firm Formation [J]. Regional Studies, 2004 (38): 879-891.

[213] Liao J, Gartner W B. The Effects of Pre-Venture Plan Timing and Perceived Environmental Uncertainty on the Persistence of Emerging Firms [J]. Small Business Economics, 2006 (27): 23-40.

[214] Locke E A, Latham G P. Building a Practically Useful Theory of Goal Setting and Task Motivation: A 35-Year Odyssey [J]. American Psychologist, 2002 (57): 705-717.

[215] Laureate, Pfeffer J, Salancik G R. The External Control of Organizations [M]. NY: Harper & Row Publishers, 1978.

[216] Luthans F, Stajkovic A D, Envick B. Effects of General and Social Self-Efficacy on Entrepreneurial Behaviors and Performance [C]. Proceedings of Annual Meeting of the Decision Sciences Institute, San Diego, CA, 1997: 22-25.

[217] Luthans F, Iibrayeva E S. Entrepreneurial Self-Efficacy in Central Asian Transition Economies: Quantitative and Qualitative Analyses [J]. Journal of International Business Studies, 2006, 37 (1): 92-110.

[218] Lazear E P. Entrepreneurship [J]. Journal of Labor Economics, 2005 (23): 649-80.

[219] Lentz B F, Laband S. Entrepreneurial Success and Occupational Inheritance Among Proprietors [J]. Canadian Journal of Economics, 1990, 23 (3): 101-117.

[220] Lucas R E. Jr. On the Size Distribution of Business Firms [J]. Bell Journal of Economics, 1978 (2): 508-523.

[221] Manski C F. Identification Problems in the Social Sciences [M]. Cambridge: Harvard University Press, 1995.

[222] Marshall A. Principles of Economics [M]. 8th ed. London: MacMillan, 1920.

[223] March J G, Simon H A. Organizations [M]. New York: John Wiley, 1958.

[224] McClelland D C. The Achieving Society [M]. Princeton, NJ: D. Yan Norstrand Co., 1961.

[225] Miles R E, Snow C C. Organizational Strategy: Structure and Process [M]. New York: McGraw-Hill. 1977.

[226] Mintzberg H, McHung A. Strategy Formation in an Adhocracy [J]. Administrative Science Quartely, 1985 (30): 160-197.

[227] Morgan G, Smircich L. The Case for Qualitative Research [J]. Academy of Management Review, 1980, 5 (4): 491-500.

[228] Michelacci C, Silva O. Why So Many Local Entrepreneurs [J]. Review of Economics and Statistics, 2007, 89 (4): 615-633.

[229] Miller W. The Business Elite in Business Bureaucracies [M]. Cambridge: Harvard University Press, 1952.

[230] Mitchell R, Shepherd D. To Thine Own Self be True: Images of Self, Images of Opportunity, and Entrepreneurial Action [J].Journal of Business Venturing, 2010, 25 (1): 138-154.

[231] Mortimer J T, Lorence J. Work Experience and Occupational Value Socialization: A Longitudinal Study [J]. American Journal of Sociology, 1979 (84): 1361-85.

[232] Moulton B R. Random Group Effects and the Precision of Regression Estimates [J].Journal of Econometrics, 1986, 32 (3): 385-97.

[233] Mitchell R K.Cross-Cultural Cognitions and the Venture Creation Decision [J]. Academy of Management Journal, 2000, 43 (5): 974-993.

[234] Markman G D, Baron R A. Person-Entrepreneurship Fit: Why Some Peopleare More Successful as Entrepreneurs than Others [J]. Human Resource Management Review, 2003 (13): 281-301.

[235] Markus H, Wurf E. The Dynamic Self-Concept: A Social Psychological Perspective [J]. Annual Review of Psychology, 1987 (38): 299-337.

[236] Mandel N. Shifting Selves and Decision Making: The Effects of Self-Construal Priming on Consumer Risk-Taking [J]. Journal of Consumer Research, 2003 (30): 30-40.

[237] Ma H, Tan J. Key Components and Implications of Entrepreneurship: A 4-P Framework [J]. Journal of Business Venturing, 2006 (21): 704-725.

[238] Machiavelli N. The Prince [M]. New York: Random House, 1984.

[239] Murnieks C. Who am I? The Quest for an Entrepreneurial Identity and Aninvestigation of its Relationship to Entrepreneurial Passion and Goal-Setting [D]. Boulder: University of Colorado at Boulder, 2007.

[240] Murnieks C, Mosakowski E. Entrepreneurial Passion: An Identity Theory Perspective [N/OL]. https://doi.org/10.5465/amr.2009.40633190, 2009-07-01.

[241] McCall G, Simmons J L. Identities and Interaction [M]. New York: Free Press, 1978.

[242] Melissa S C, Wincent, Jagdip Singh, et al. The Nature and Experience of Entrepreneurial Passion [J]. Academy of Management Review, 2009, 34 (3): 511-532.

[243] Moon H. Looking Forward and Looking Back: Integrating Completion and Sunkcost Effects within an Escalation-of-Commitment Progress Decision [J]. Journal of Applied Psychology, 2001, 86 (1): 104-113.

[244] Noel X, Vander L M, Bechara A. The Neurocognitive Mechanisms of Decision-Making, Impulse Control, and Loss of Willpower to Resist Drugs [J]. Psychiatry, 2006 (3): 30-42.

[245] Neu I D, Gregory F W. The American Industrial Elite in the 1870s: Their Social Origins [M]. Cambridge: Harvard University Press, 1952.

[246] Neyman, Scott. Consistent Estimates Based on Partially Consistent Observations [J]. Econometrica, 1948 (16): 1-32.

[247] Neider L. A Preliminary Investigation of Female Entrepreneurs in Florida [J]. Journal of Small Business Management, 1987, 25 (3): 23-29.

[248] Nunnally J C. Psychometric Theory [M]. NY: McGraw-Hill, 1978.

[249] Norton E C, Lindrooth R C, Ennett S T. Controlling for the Endogeneity of Peer Substance Use on Adolescent Alcool and Tobacco Use [J]. Health Economics, 1998 (7): 439-453.

[250] Oosterbeek H, Praag M V, Ijsselstein A. The Impact of Entrepreneurship Education on Entrepreneurship Competencies and Intentions: An Evaluation of the Junior Achievement Student Mini-Company Program [J]. IZA Discussion Paper, 2008, 3 (3): 442-454.

[251] Oldham G R, Cummings A. Employee Creativity: Personal and Contextual Factors at Work [J]. Academy of Management Journal, 1996 (39): 607-634.

[252] Owens R. Organizational Behavior in Education [M]. Englewood Cliffs, NJ: Prentice-Hall, 1987.

[253] Oettingen G, Gollwitzer P M. Goal Setting and Goal Striving [M]. Oxford: Blackwell, 2001.

[254] Pham M T. The logic of Feeling [J]. Journal of Consumer Psychology, 2004 (14): 360-369.

[255] Pratt M G, Foreman P O. Classifying Managerial Responses to Multiple

Organizational Identities [J]. Academy of Management Review, 2000 (25): 18-42.

[256] Peters T. Thriving on Chaos [M]. New York: Harper & Row, 1987.

[257] Parker S C. The Economics of Self-Employment and Entrepreneurship [M]. Cambridge: Cambridge University Press, 2004.

[258] Parker S C. Small Firms and Innovation, Forthcoming in: D. B [M]. Cheltenham: Edward Elgar, 2009.

[259] Podsakoff P M, MKenzle S B, Lee J Y, et al. Common Method Biases in Behavioral Research: A Critical Review of the Literature and Recommended Remedies [J]. Journal of Applied Psychology, 2003, 88 (5): 879-903.

[260] Prezeworski A, Teune H. The Logic of Comparative Social Inquiry [M]. London: Cambridge University Press, 1970.

[261] Quinn R, Rohrbaugh J. A spatial Model of Effectiveness Criteria: Towards a Competing Values Approach to Organizational Analysis [J]. Management Science, 1983, 29 (3): 263-337.

[262] Rayner S G. Reconstructing Style Differences in Thinking and Learning: Profiling Learning Performance [J]. International Perspectiveson Individual Differences, 2000 (1): 181-213.

[263] Ranson S, Hinings B, Greenwood R. The Structuring of Organizational Structures [J]. Administrative Science Quarterly, 1980 (25): 1-17.

[264] Roberts W R. Rhetorica: The Works of Aristotle [M]. Vol. 11. Oxford: Clarendon Press, 1924.

[265] Roberts E B. Entrepreneurship in High Technology [M]. NY: New York, 1991.

[266] Rockwell I. The five Wisdom Energies: A Buddhist Way of Understanding Personalities, Emotions, and Relationships [M]. Boston: Shambhala, 2002.

[267] Russell J A. Core Affect and the Psychological Construction of Emotion [J]. Psychological Review, 2003 (110): 145-172.

[268] Russell A, Barrett L F. Core Affect, Prototypical Emotional Episodes, and Other Things Called Emotion: Dissecting the Elephant [J]. Journal of Personality and Social Psychology, 1999 (76): 805-819.

[269] Ireland R D, Michael A H, David G S. A Model of Strategic Entrepreneurship: The Construct and its Dimensions [J]. Journal of Management, 2003, 29 (6): 963-989.

[270] Schumpeter J A. The Theory of Economic Development [M] Cambridge, MA: Harrard University Press, 1934.

[271] Stajkovic A D, Luthans F. Social Cognitive Theory and Self-Efficacy: Going Beyond Traditional Motivational and Behavioral Approaches [J]. Organizational Dynamics, Spring 1998, 26 (4): 62-74.

[272] Stevenson H H. A Perspective on Entrepreneurship [J]. Harvard Business School Working Paper, 1983 (93): 84-131.

[273] Stevenson H H, Gumpert D. The Heart of Entrepreneurship [J]. Harvard Business Review, 1985, 63 (2): 85-94.

[274] Stevenson H H, Jarillo J C. Preserving Entrepreneurship as Companies Grow [J]. Journal of Business Strategy, 1986 (6): 10-23.

[275] Stevenson H H, Jarillo J C. A Paradigm of Entrepreneurship: Entrepreneurial management [J]. Strategic Management Journal, Summer Special Issue, 1990 (11): 17-27.

[276] Scott S G, Bruce R A. Determinants of Innovative Behavior: A Path Model of Individual Innovation in the Workplace [J]. Academy of Management Journal, 1994 (37): 580-607.

[277] Stryker S. Symbolic interactionism: A Social Structural version [M]. Menlo Park, CA: Benjamin/Cummings, 1980.

[278] Stryker S. Identity Theory: Developments and Extensions [M]. Chichester, England: Wiley, 1987.

[279] Staw B M, Fox F. Escalation: Some Determinants to a Previously Chosen Course of Action [J]. Human Relations, 1977 (30): 431-450.

[280] Steven M F, Tierney P, McIntyre K K. Employee Creativity in Taiwan: An Application of Role Identity Theory [J]. Academy of Management, 2003, 46 (5): 618-630.

[281] Stewart W H, Watson W E, Carland J C, et al. A proclivity for Entrepreneurship: A Comparison of Entrepreneurs, Small Business Owners, and Corporate Manager [J]. Journal of Business Venturing, 1998 (14): 187-214.

[282] Scott S G, Lane V R. A Stakeholder Approach to Organizational Identity [J]. Academy of Management Review, 2000, 25 (1): 43-62.

[283] Schindehutte M, Morris M, Allen J. Beyond Achievement: Entrepreneurship as Extreme Experience [J]. Small Business Economics, 2006 (27): 349-368.

[284] Schumpeter J A. Imperialism and Social Classes [M]. New York: Kelley, 1951.

[285] Schwarz N, Clore G L. Feelings and Phenomenal Experiences [M]. New York: Guilford Press, 2007.

[286] Seo M, Barrett L F, Bartunek J M. The Role of Affective Experience in Work Motivation [J]. Academy of Management Review, 2004 (29): 423-439.

[287] Shane S, Locke E A, Collins C J. Entrepreneurial Motivation [J]. Human Resource Management Review, 2003 (13): 257-279.

[288] Shane S, Venkataraman S. The Promise of Entrepreneurship as A Field of Research [J]. Academy of Management Review, 2000 (25): 217-226.

[289] Singh R P, Hills G E, Lumpkin G T, et al. The Entrepreneurial Opportunity Recognition Process: Examining the Role of Self-Perceived Alertness and Social Networks [J]. Paper Presented at the Annual Meeting of the Academy of Management, 1999 (1): G1-G6.

[290] Slevin D P, Covin J G. Time, Growth, Complexity, and Transitions: Entrepreneurial Challenges for the Future [J]. Entrepreneurship Theory and Practice, 1997, 22 (2): 53-68.

[291] Smilor R W. Entrepreneurship: Ref Lections on a Subversive Activity [J]. Journal of Business Venturing, 1997 (12): 341-346.

[292] Souitaris V, Zerbinati S, Al-Laham A. Do Entrepreneurship Programs Raise Entrepreneurial Intention of Science and Engineering Students? The Effect of Learning, Inspiration and Resources [J]. Journal of BusinessVenturing, 2007 (22): 566-591.

[293] Stryker S, Burke P J. The Past, Present, and Future of an Identity Theory [J]. Social Psychology Quarterly, 2000 (63): 284-297.

[294] Sundararajan M, Peters L. Role of Emotions in the Entrepreneur's Opportunity Recognition Process [D]. NewYork: Rensselaer Polytechnic Institute, 2008.

[295] Saxenian A. Silicon Valley's New Immigrant Entrepreneurs [M]. San Francisco: Public Policy Institute of California, 1999.

[296] Sanders J M, Nee V. Immigrant Self-Employment: The Family as Social Capital and the Value of Human Capital [J]. American Sociological Review, 1996 (61): 231-249.

[297] Schneeweis N, Winter-Ebmer R. Peer Effects in Austrian schools [J]. Empirical Economics, 2007 (32): 387-409.

[298] Schumpeter J A. The Theory of Economic Development [M]. New York: Oxford University Press, 1912.

[299] Sen A. Rational Fools: A Critique of the Behavioral Foundations of Economic Theory [J]. Philosophy and Public Affairs, 1977 (6): 317-344.

[300] Solon G. Intergenerational Mobility in the Labor Market [M]. The Handbook of Labor Economic, Holland: Elesevier, 1999, 3 (1): 1761-1800.

[301] Stuart T E, Sorenson O. Social Networks and Entrepreneurship [J]. The Handbook of Entrepreneurship: Disciplinary Perspectives, 2005 (8): 211-228.

[302] Thayer L. Handbook of Organizational Communication [M]. Norwood, NJ: Ablex, 1988.

[303] Thompson J D. Organizations in Action [M]. New York: McGraw-Hill, 1967.

[304] Tricer H M, Beyer J M. The Cultures of Work Organizations [M]. Englewood Cliffs, New Jersey: Prentice Hall, 1993.

[305] Trogdon J G, Nonnemaker J, Pais J. Peer Effects in Adolescent Overweight [J]. Journal of Health Economics, 2008 (27): 1388-1399.

[306] Turvey M T. Perceiving, Acting, and Knowing: Toward an Ecological Psychology Hillsdale [M]. NJ: Erlbanm, 1977.

[307] Terrence E Brown, Per Davidsson, Johan Wiklund. An Operationalization of

Stevenson's Conceptualization of Entrepreneurship as Opportunity-Based Firm Behavior [J]. Strategic Management Journal, 2001, 22 (10): 953-968.

[308] Vandenberg R J, Lanee C E. A Review and Synthesis of the Measurement Invariance literature: Suggestions, Practices, and Recommendations for Organizational Research [J]. Organizational Research Methods, 2000 (2): 41-69.

[309] Vallerand R J, Mageau G A, Ratelle C, et al. Less Passions Deame: On Obsessive and Harmonious Passion [J]. Journal of Personality and Social Psychology, 2003 (85): 756-767.

[310] Veeehio R P. Entrepreneurship and Leadership: Common Trends and Common threads [J]. Human Resource Management Review, 2003 (13): 303-327.

[311] Velieer W F, Fava L L. Affects of Variable and Subject sampling on Factor Pattern recovery [J]. Psychological Methods, 1998, 3 (1): 231-251.

[312] Venkatraman N, Ramanuj V. Measurement of Business Performance in Strategy research: A Comparison of Approaches [J]. Academy of Management Review, 1996, 11 (4): 801-814.

[313] Viswesvaran C, Ones D S. Theory Testing: Combining Psychometric Metaanalysis and Structural Equations Modeling [J]. Personnel Psychology, 1995, 48 (4): 865-885.

[314] Volpert W. Software Development and Reality Construction [M]. Berlin: Springer-Verlag, 1992 (4): 336-349.

[315] Weinstein A, Nieholls J A F, Seaton B. An Evaluation of SBI Marketing Consulting-The Entrepreneur's Perspective [J]. Journal of Small Business Management, 1992, 3 (4): 62-71.

[316] Westhead P, Cowling M. Employment Change in Independent Owner-Managed High Technology Firms in Great Britain [J]. Small Business Economies, 1995, 7 (2): 111-140.

[317] Ward T B. Cognition, Creativity, and Entrepreneurship [J]. Journal of Business Venturing, 2004 (19): 173-188.

[318] Watson D, Tellegen A. Issues in the Dimensional Structure of Affect: Effects of

Descriptors, Measurement Error, and Response Format: Comment on Russell and Carroll [J]. Psychological Bulletin, 1999 (125): 601-610.

[319] Wooldridge J M. Asymptotic Properties of Weighted M-Estimators for Standard Stratified Samples [J]. Econometric Theory, 2001, 17 (2): 451-470.

[320] Wu B, Knott A M. Entrepreneurial Risk and Market Entry [J]. Management Science, 2006, 52 (9): 1315-1330.

[321] Wilson N C, Stokes D. Managing Creativity and Innovation: The Challenge for Cultural Entrepreneurs [J]. Journal of Small Business and Enterprise Development, 2005 (12): 366-378.

[322] Weick K E. Educational Organizations as Loosely Coupled Systems [J]. Administrative Science Quarterly, 1976 (21): 1-18.

[323] Weick K E. Organizational Design: Organizations as Self-Designing Systems [J]. Organizational Dynamics, 1977 (9): 31-46.

[324] Weick K E. The Social Psychology of Organizing [M]. Reading, MA: Addison-Wesley, 1979.

[325] Weick K E. The Executive Mind [M]. San Francisco: Jossey-Bass, 1983.

[326] Weick K E. Small Wins: Redef Ining the Scale of Social Problems [J]. American Psychologist, 1984, 39 (1): 40-49.

[327] Weick K E. Enacted Sensemaking in Crisis Situation [J]. Journal of Management Studies, 1988, 25 (4): 305-317.

[328] Weick K E. Organized Improvisation: 20 Years of Organizing [J]. Communication Studies, 1989 (40): 241-248.

[329] Weick K E. The Vulnerable System: An Analysis of the Tenerife Air Disaster [J]. Journal of Management, 1990, 16 (3): 571-593.

[330] Weick K E. The Nontraditional Quality of Organizational Learning [J]. Organization Science, 1991, 2 (1): 163-174.

[331] Weick K E. The Collapse of Sensemaking in Organizations: The Mann Gulch Disaster [J]. Administrative Science Quarterly, 1993 (38): 628-652.

[332] Weick K E. Sense Making in Organizations [M]. Thousand Oaks London New

Delhi, Sage Publications, 1995.

[333] Weick K E. Prepare Your Organization to Fight Fire [J]. Harvard Business Review, 1996, 74 (3): 143-148.

[334] Weick K E. The Role of Renewal in Organizational Learning [J]. International Journal of Technology Management, Special Issue on Unlearning for Technological Innovation, 1996, 11 (7/8): 738-746.

[335] Winnen C J. To Be or not to Be: The Role of Passion and Obsession in the Entrepreneurial Process [D]. St. Paul: University of St.Thomas, 2005.

[336] Woodman R W, Sawyer J E, Griffin R W. Towards a Theory of Organizational creativity [J]. Academy of Management Review, 1993 (18): 293-321.

[337] Xiao-Ping Chen, Xin Yao, Suresh Kotha. Entrepreneur Passion and Preparedness in Business Plan Presentations: A Persuasion Analysis of Venture Capitalists' Funding Decisions [J]. Academy of Management Journal, 2009, 52 (1): 199-214.

附　　录

附录 A　创业自我效能对创业决策行为的影响研究调查问卷

尊敬的先生、女士：

　　您好！

　　在此先敬祝贵公司生意兴隆、宏图大展！此份学术问卷来自博士课题"创业者创业动机和创业行为及其关系研究"，我们诚挚地邀请您在百忙之中抽出 5 至 10 分钟，填写这份旨在为国家未来决策提供重要参考依据的学术调查问卷。

　　本研究问卷完全针对公司创业人，您的填答与回复对我们来说弥足珍贵。本问卷采用不记名方式，各问题的答案并无"好""坏"之分；也恳请您能仔细回想多年前的信息来做回答。我们郑重承诺，本问卷资料仅用于学术研究，对您的公司与单位信息将严格保密，绝不公开。如有打扰，敬请谅解。

　　本问卷专注于您首次创业时的动机与行为研究，确保不涉及贵公司的任何机密信息。请您完整填写每一题，以免问卷被视为无效。

　　如果有什么问题，可以随时与我们联系，联系方式：××××××××

　　请您仔细阅读每个问题，根据自己的实际情况，选择最符合或最接近您情况的选项并打"√"。

第一部分　个人和企业基本情况

（1）您的性别：□男　□女

（2）创业时年龄：

□小于 30 岁　□30～35 岁　□36～40 岁　□41～45 岁

□46～50 岁　□51～55 岁　□56 岁以上

（3）创业时受教育程度：

□初中　□高中、高职　□专科　□本科　□硕士　□博士及以上

（4）您所学专业：

□理工类　□经济类　□管理类　□人文类（除经管）　□计算机类

□医学类　□军事类　□其他

（5）您创办的企业所属行业：

□制造业　□商贸　□科技　□金融　□服务　□其他

（6）企业性质：

□国有企业　□集体企业　□外资企业　□民营企业　□乡镇企业

（7）您创办企业时的员工人数：

□小于 10 人　□11～30 人　□31～50 人　□51～100 人

□101～200 人　□200 人以上

第二部分　关于创业动机和创业行为

1. 以下问题测量创业决策行为	完全不同意	不太同意	很难说	基本同意	完全同意
（1）相对于成熟产品的经营，更为注重产品创新、技术领先和研发	1	2	3	4	5
（2）找寻有价值的机会要比资源的利用更为重要	1	2	3	4	5
（3）在与对手的竞争中，经常先于竞争对手采取行动	1	2	3	4	5

续表

1.以下问题测量创业决策行为	完全不同意	不太同意	很难说	基本同意	完全同意
（4）把新产品、新的操作技术和新的管理技能作为竞争的首要手段	1	2	3	4	5
（5）强调灵活适应变化的环境，不用过多考虑以往经验	1	2	3	4	5
（6）面对不确定性时倾向于迅速、大胆地采取果断行动	1	2	3	4	5
2.以下问题测量创业自我效能					
（7）我能够为创业找到产品、服务所需要的市场信息	1	2	3	4	5
（8）我能够产生独特的新想法，从而推出新产品或改进已有产品	1	2	3	4	5
（9）我能够与具备资金等创业资源的人建立并发展好关系	1	2	3	4	5
（10）我能够有效地进行成本控制和风险管理	1	2	3	4	5
（11）我能够在充满压力和不确定性的环境下做出有效决策	1	2	3	4	5
3.以下问题测量开发者角色认同					
（12）我一直都向往成为一名开发者	1	2	3	4	5
（13）对于成为开发者我有很明确的概念	1	2	3	4	5
（14）对我来说开发者是个人身份的一个重要组成部分	1	2	3	4	5
4.以下问题测量投资者角色认同					
（15）我一直都向往成为一名投资者	1	2	3	4	5
（16）对于成为投资者我有很明确的概念	1	2	3	4	5
（17）对我来说投资者是个人身份的一个重要组成部分	1	2	3	4	5
5.以下问题测量改革者角色认同					
（18）我一直都向往成为一名改革者	1	2	3	4	5
（19）对于成为改革者我有很明确的概念	1	2	3	4	5
（20）对我来说改革者是个人身份的一个重要组成部分	1	2	3	4	5

第三部分 关于创业价值感知和创业者社会网络

6.以下问题测量创业价值感知	完全不同意	不太同意	很难说	基本同意	完全同意
（21）我的亲朋好友认为创业对我很重要	1	2	3	4	5
（22）我的亲朋好友对于我是否能够创业很关注	1	2	3	4	5
（23）周围许多人认为我有创造力，从而希望我能够创业	1	2	3	4	5
7.以下问题测量创业者社会网络					
（24）在资金、信息和技术等方面，父母提供了很大的支持	1	2	3	4	5
（25）在资金、信息和技术等方面，丈夫或妻子提供了很大的支持	1	2	3	4	5
（26）在资金、信息和技术等方面，兄弟或姐妹提供了很大的支持	1	2	3	4	5
（27）在资金、信息和技术等方面，其他亲戚提供了很大的支持	1	2	3	4	5
（28）在资金、信息和技术等方面，好朋友提供了很大的支持	1	2	3	4	5
（29）在资金、信息和技术等方面，同事提供了很大的支持	1	2	3	4	5
（30）在资金、信息和技术等方面，熟人提供了很大的支持	1	2	3	4	5
（31）在资金、信息和技术等方面，银行提供了很大的支持	1	2	3	4	5
（32）在资金、信息和技术等方面，社会组织提供了很大的支持	1	2	3	4	5
（33）在资金、信息和技术等方面，风险投资者提供了很大的支持	1	2	3	4	5

附录 B　因子解释的变异量

成分	初始特征根 总和	初始特征根 变异数百分比	初始特征根 累计百分比	平方和负荷量萃取 总和	平方和负荷量萃取 变异数百分比	平方和负荷量萃取 累计百分比	转轴平方和负荷量 总和	转轴平方和负荷量 变异数百分比	转轴平方和负荷量 累计百分比
1	4.825	20.980	20.980	4.825	20.980	20.980	2.611	11.351	11.351
2	2.515	10.935	31.915	2.515	10.935	31.915	2.454	10.669	22.020
3	2.038	8.859	40.774	2.038	8.859	40.774	2.377	10.336	32.356
4	1.951	8.485	49.259	1.951	8.485	49.259	2.068	8.990	41.346
5	1.554	6.758	56.016	1.554	6.758	56.016	2.035	8.846	50.192
6	1.317	5.727	61.744	1.317	5.727	61.744	1.991	8.657	58.849
7	1.243	5.406	67.149	1.243	5.406	67.149	1.909	8.300	67.149
8	0.969	4.215	71.365						
9	0.878	3.818	75.182						
10	0.763	3.317	78.499						
11	0.616	2.676	81.176						
12	0.545	2.368	83.543						
13	0.505	2.194	85.738						
14	0.482	2.094	87.832						
15	0.457	1.988	89.820						
16	0.446	1.941	91.761						
17	0.389	1.690	93.451						
18	0.366	1.593	95.044						
19	0.337	1.021	96.065						
20	0.282	0.937	96.932						
21	0.249	0.774	97.606						
22	0.231	0.685	98.291						
23	0.220	0.601	98.892						
24	0.209	0.577	99.469						
25	0.122	0.531	100.000						

注：采用方法为主成分分析法。